SABER

LUPÉRCIO ARTHUR HILSDORF

NEGOCIAR

Comunique-se de maneira não competitiva, torne-se mais persuasivo, melhore seu desempenho nas negociações e aumente o resultado dos negócios

COMPETÊNCIA
ESSENCIAL

DVS EDITORA

São Paulo, 2014
www.dvseditora.com.br

SABER

LUPÉRCIO ARTHUR HILSDORF

NEGOCIAR

"O valor da comunicação não competitiva nas negociações"

COMPETÊNCIA

ESSENCIAL

DVS EDITORA

www.dvseditora.com.br

SABER NEGOCIAR
COMPETÊNCIA ESSENCIAL

Copyright© DVS Editora 2014

Todos os direitos para a território brasileiro reservados pela editora.

Nenhuma parte deste livro poderá ser reproduzida, armazenada em sistema de recuperação, ou transmitida por qualquer meio, seja na forma eletrônica, mecânica, fotocopiada, gravada ou qualquer outra, sem a autorização por escrito do autor.

Capa: Gustavo Angeline Hilsdorf
Revisão: Cleusa Helena Pisani
Diagramação: Konsept Design & Projetos

```
Dados Internacionais de Catalogação na Publicação (CIP)
          (Câmara Brasileira do Livro, SP, Brasil)

       Hilsdorf, Lupércio Arthur
          Saber negociar  : competência essencial :
       "o valor da comunicação não competitiva nas
       negociações" / Lupércio Arthur Hilsdorf. --
       1. ed. -- São Paulo : DVS Editora, 2014.

          Bibliografia
          ISBN 978-85-8289-079-0


          1. Competência comunicativa 2. Competência
       profissional 3. Comunicação interpessoal
       4. Negociação 5. Relações interpessoal I. Título.


14-11978                                       CDD-658.001
```

Índices para catálogo sistemático:

1. Competência : Administração de empresas
   658.001

Sumário

Capítulo 1
As negociações bem-sucedidas — 1

Capítulo 2
Afinal, o que é negociar bem? — 9
O negociador de alto desempenho — 11
O que distingue os negociadores de alto desempenho: — 14
O seu melhor desempenho na negociação — 14
Perguntas para autoquestionamento: — 16

Capítulo 3
Amplie sua visão e negocie melhor — 17
Para ampliar a visão: — 19
Parceiros ou adversários? — 20
Negociação – uma visão ampliada — 21
Algumas ideias para negociar: — 24

Capítulo 4
Use em seu benefício o poder das atitudes positivas — 25
As atitudes do outro negociador — 27
Avaliando as atitudes do outro negociador: — 29
O que fazer com as próprias atitudes — 29
Mudando atitudes para negociar melhor: — 30

Capítulo 5
Você precisa de um método para negociar — 33

Informação — 35
Perguntas para levantar, reunir e analisar informações: — 38
Tempo — 38
Poder — 40

Capítulo 6
Se você deve R$ 1.000,00 você está perdido; se deve R$ 1.000.000,00 seu credor está perdido! — 41

Poder — 41
Sem um adversário à altura, um lutador não deve lutar — 43
Fontes de poder — 44
Não demonstre todo o poder que você possui — 46
Cale-se em defesa de seu poder — 46
Fatores que podem limitar o poder de negociação do vendedor: — 46
Fatores que podem limitar o poder de negociação do comprador: — 47
Uma disputa de poder — 48

Capítulo 7
Comunique-se de forma, predominantemente, não competitiva — 51

Negociar por convergência — 54
As técnicas da comunicação não competitiva — 56
Para usar a comunicação não competitiva: — 59

Capítulo 8
Mantenha a ênfase no negócio, mas não descuide do relacionamento — 61

Diga "nós" e comece a criar uma atmosfera positiva — 61
O desejo mais intenso do ser humano é o de ser aceito — 62

Como desarmar o oponente tipo "pessoa difícil"	63
Impasses	65
Ideias para sair de impasses:	66

Capítulo 9
Faça planejamento e obtenha o resultado — 67

Check list para o planejamento da negociação:	70
Pesquisar a outra parte	72
Perguntas importantes:	72
O *script* financeiro:	73
Para assumir a negociação:	75
O valor do planejamento	75

Capítulo 10
Dê um passo de cada vez... — 77

A reunião	77
Negociar é tomar uma decisão conjunta	81
A importância da percepção na reunião	83
Expressões não verbalizadas	84
"Teatralizações"	86
Cenário da negociação	88
Check list para a reunião final:	89
"Amarrações":	90

Capítulo 11
Prepare-se para trocar concessões — 91

Como solicitar e fazer concessões	91
Algumas ideias para usar a técnica das concessões:	94
Concentre-se nos "interesses", não nas posições	95
Flexibilidade	96
Para usar a flexibilidade:	98

Capítulo 12
Use táticas para mobilizar-se com segurança — 99

Cobertor, avalanche ou caldeirão	100
Colchete	101
Choro	101
Surpresa ou mudança de ritmo	101
Recesso ou abstinência	102
Ameaça e Intimidação	102
Autoridade limitada	102
Retirada aparente	103
Drible	103
"Bom sujeito" e "mau sujeito"	103
Fato consumado	104
Reversão	104
Manobra do ausente	104
Otimização	105
Pechincha ou mordida	105
Acréscimo	105
Subtração	106

Capítulo 13
Não fale tudo o que pensa — 107

Raciocínio estratégico	108
Principais variáveis do raciocínio estratégico na negociação:	109
Argumentação	110
Estimular o "encontro das mentes"	112

Capítulo 14
Aja como um detetive: faça perguntas e siga as pistas — 115

Perguntas são úteis para:	118
Perguntas para utilizar na negociação:	119

Perguntas que não devem ser feitas:	120
Capacidade de escutar (ouvir ativamente)	121
O silêncio, a pausa, e os "encorajamentos"	121
Como responder às perguntas do oponente	122

Capítulo 15
Perceba o estilo do outro negociador — 125

As pessoas têm algo em comum, todas são diferentes	125
"As aparências não enganam!"	126

Os estilos:

Meticuloso	127
Características mais evidentes do meticuloso:	128
Realizador	129
Características mais evidentes do realizador:	131
Expressivo	131
Características mais evidentes do expressivo:	132
Apoiador	133
Características mais evidentes do apoiador:	134
Como negociar com cada um dos estilos:	135
Considerações sobre os estilos	135
Adequando a comunicação ao estilo do oponente	137
Impacto recíproco do comportamento dos interlocutores	138
Avaliar o próprio estilo	138

Capítulo 16
Tenha um propósito — 139

Bibliografia — 143

Capítulo 1

As negociações bem-sucedidas

Negociar não é conseguir do outro o que você quer, de tal forma que ele, mesmo cedendo, fique satisfeito e feliz. Seria bom se fosse verdade, mas as coisas não são tão simples. Negociar é muito mais do que conseguir o que se deseja. Nas negociações sempre existem objetivos a conquistar, problemas a resolver, riscos a evitar e mudanças a assimilar pelas partes. As possibilidades de mudança demandam identificar os benefícios e as desvantagens de adotá-las, o que deve ser feito por meio de uma avaliação cuidadosa para identificar a conveniência de um acordo em comparação com a hipótese do não acordo.

Negociar é demonstrar para a outra parte a possibilidade de tornar viável aquilo que, em princípio, parecia difícil de alcançar. Negociamos para converter problemas em oportunidades, transformar conflitos em harmonia, projetos em resultados concretos, negócios em lucros e satisfação. Na negociação, tudo o que ocorre tem implicações nos debates: as informações, os argumentos, as circunstâncias, as impressões e os sentimentos dos interlocutores, as propostas e contrapropostas, as objeções e concordâncias. É essa "dinâmica das informações" que transforma opiniões, gera sensações, cria sentimentos, modifica situações e pode levar ao acordo.

Na negociação, cada argumento utilizado pode ter, e geralmente apresenta, repercussões no decorrer das conversações. Por isso, você deve estar atento e perceber as expectativas e os comportamentos do interlocutor, analisar as oportunidades sem esquecer os riscos que podem ocorrer. Assim, aos poucos, entenderá com clareza a situação. Conhecendo as variáveis que intervêm no processo, pensará nas consequências de cada movimento que pode fazer. Vislumbrando como pode mobilizar-se com segurança nos debates, você imaginará como as coisas podem ficar no futuro se houver acordo.

Como negociador, você quer evitar ser conduzido de uma forma que não deseja, entretanto quer influir nas decisões do outro. Por isso, durante as conversações, procure fazer escolhas considerando "o que quer ganhar" e o que é "menos doloroso perder". Sempre se "perde" alguma coisa quando se negocia, porque as partes têm que flexibilizar e ceder em algum aspecto para que se aproximem do acordo. Por isso, nunca inicie uma negociação sem considerar oportunidades e riscos, ganhos e perdas, benefícios e custos. Portanto, planeje para atingir o seu objetivo e, durante o processo da negociação, não abra mão do que é essencial.

Procure conhecer a outra parte e saber antecipadamente quais as relações de poder que existem na outra empresa; quem estará envolvido e como será o processo de decisão. Muitas vezes, uma negociação envolve várias pessoas para a conclusão do acordo, o que leva a um "conjunto de decisões". Portanto, é preciso saber quem decide, quem influencia e quem pode colocar obstáculos à decisão. Sabendo quem é quem, você terá mais poder para conduzir todo o processo. À mesa, coloque em prática sua habilidade interpessoal e se resguarde diante das pressões e manobras do oponente. Foque sua atenção para perceber como a outra parte "joga" e, considerando as circunstâncias, vá adequando sua argumentação momento a momento até chegar ao acordo.

As partes sabem que para chegarem a um acordo terão que abrir mão de algo, fazendo concessões para conseguir o que querem. Por isso, elas usam argumentos que ora preservam suas posições, ora pressionam o oponente, defendendo o que já conquistaram, evitando, assim, "perder terreno" para o outro lado. Essas pressões fazem parte do jogo. O bom negociador, sabendo disso, não se abala. Mesmo quando provocado, mantém seu autocontrole não deixando que suas emoções dirijam suas ações, evitando que qualquer constrangimento faça-o perder detalhes importantes da conversação. Neutralizando as pressões que possam prejudicá-lo, continua dialogando em direção aos objetivos, ao mesmo tempo em que zela pela qualidade da interação com o interlocutor.

No processo de negociação, se um negociador inicia com medo de ser derrotado, ele será facilmente derrotado. Se estiver inseguro no primeiro contato, sua insegurança poderá repercutir nas próximas reuniões, o que tornará mais difícil proteger seus interesses. É por essa razão que quem faz uma concessão logo no início de uma reunião, não será visto pelo oponente como alguém que deseja "facilitar as coisas": será visto como um fraco! Se o objetivo for "demonstrar boa vontade", a outra parte não interpretará isso como um sinal de boa vontade, mas sim, de fraqueza. Em negociação quanto mais generosidade um negociador demonstra, mais o outro o pressiona.

O negociador que demonstrar firmeza será eficaz. Para atingir os objetivos procure valer-se dos recursos da comunicação e das atitudes que fortaleçam seu poder de negociar. Por exemplo, quanto mais respeito demonstrar durante os debates, mais respeitado você será; quanto mais forte e firme for sua posição inicial, maior chance terá de chegar a um final bem-sucedido. Portanto, demonstre convicção nas afirmações que faz e, sustentando suas ações em atitudes éticas, demonstre a seriedade de suas proposições apresentando argumentos que as legitimem.

Durante as conversações, mantenha grande concentração nos diálogos e "capitalize" todas as ocorrências que possam fortalecê-lo. E, antes de fazer suas colocações, pergunte-se mentalmente: "falo agora ou falo depois?"; "o que poderá ocorrer se eu usar esse argumento?"; "rebato o argumento utilizado pelo oponente ou devo dirigir a conversação para outro aspecto?". Durante os debates, controle sua ansiedade e a tendência natural de obter algo muito rapidamente - o imediatismo é uma atitude perigosa na negociação. Com sabedoria, use o conselho dos mestres na arte de negociar: "Cuidado com os ganhos no curto prazo porque eles podem levar a perdas no longo prazo"

Obter um "sim" não é suficiente. Depois do acordo, as mudanças demandam tempo para ocorrer e as maiores dificuldades podem estar na implementação do que foi combinado. O diplomata norte-americano, Henry Kissinger, hábil negociador internacional, referindo-se à continuidade do processo de uma negociação afirmou: "As mudanças negociadas somente terão início quando os negociadores passam a enxergar claramente a próxima etapa"[1]. O que ele disse, sugere que uma negociação será bem-sucedida se os envolvidos chegarem a um acordo que os faça sentir-se comprometidos a cumpri-lo. Por isso envolva os formadores de opinião, os *stakeholders* - aqueles que dão sustentação ao projeto. Eles devem estar convencidos dos benefícios do acordo. Somente assim contribuirão para sua efetivação prática.

Assinar o contrato não é o objetivo - ganhar um negócio pode ser o primeiro passo para perdê-lo. Portanto, use sua experiência e negocie ao mesmo tempo "as condições do acordo" e a sua "melhor forma de implementação". Durante as conversações, transite objetivamente de um aspecto ao outro para o que vier a ser combinado torne-se realidade. Quando debater as questões difíceis, esclareça os compromissos de cada lado, demonstre a forma como cada parte deverá trabalhar - em conjunto ou separadamente - para garantir a execução do acordo. Com sutileza, sugira aos envolvidos que as reuniões e os debates são ótimas oportunidades para o compartilhamento das ideias e das lições que podem ser aprendidas enquanto negociam.

Embora a assinatura do contrato pareça uma conquista, as ações somente acontecerão de fato após os negociadores deixarem a mesa. Depois da jornada de reuniões que culminam no fechamento do negócio, é na próxima fase, a fase da implementação, que as coisas vão acontecer para produzir os resultados esperados. Para tanto, as partes devem estar dispostas a fazer o que deve ser feito sem resistências. Entretanto, mesmo quando concordam com os termos do acordo, elas podem ter expectativas diferentes sobre como cumpri-lo. Isso pode ocorrer porque as pessoas possuem percepções diferentes sobre a forma de pensar como as coisas devem acontecer. E, se algo prometido não corresponder às suas expectativas, elas podem boicotar a negociação realizada.

Quando uma negociação demanda muitas reuniões, o desejo das partes de obter resultados torna-se mais intenso porque elas já investiram muito tempo e energia. Nesse caso a expectativa dos envolvidos, ao final de cada reunião, é

---

1   * http://www.frazz.com.br/autor.html/Henry_Kissinger-364 - Consulta em 16/12/2.013

sair com a sensação de que ela foi importante, que o encontro foi produtivo, construtivo, e que agregou algo na aprendizagem de cada um dos presentes. Por essa razão, conduza essas reuniões de tal forma que fique a impressão de ter havido um avanço e que se progrediu de alguma maneira em direção ao acordo. Além de dar sustentação ao que está sendo tratado, você deve estar pronto para responder à pergunta: "Qual é o próximo passo?".

Na negociação de alta complexidade, que envolve projetos de longa duração e investimentos e riscos elevados, é imprescindível estabelecer "critérios de responsabilização" e "mecanismos de avaliação dos resultados". Esses critérios devem considerar: prazos e cronogramas, qualidade e inovações, investimentos e garantias, interatividade e relacionamento, coordenação do projeto, serviços, auditorias, multas e incentivos (é mais conveniente criar incentivos do que penalidades). Uma *joint venture* pode envolver um relacionamento prolongado. Nesse caso, além dos critérios mencionados, demonstre para o futuro parceiro que está "criando precedentes" para que as partes possam trabalhar em conjunto nos desafios que enfrentarão no processo de parceria, ou aliança, das empresas.

Dois hospitais, situados em uma capital brasileira, disputavam clientes do segmento classe média alta e, também, os melhores médicos da região em que atuavam. Quando um deles comunicava ao mercado ter adquirido "o mais novo aparelho de diagnóstico por imagem", o outro, imediatamente, usava a mídia para comunicar seu "ótimo corpo de médicos especializados". Enquanto um fazia propaganda da "qualidade de suas modernas instalações e equipamentos de última geração", o outro falava da "qualidade de seus serviços e do atendimento superior". Envolvidos em uma rixa predatória, seus dirigentes descobriram que estavam perdendo tempo, energia e dinheiro.

O presidente de um dos hospitais resolveu procurar o outro para debater o assunto. Suas conversas resultaram em uma negociação para unir as empresas que passaram a atuar no mercado como uma só organização. O sistema de governança corporativa, criado para administrar a aliança, elevou a eficácia administrativa e operacional, reduziu custos e aumentou o aproveitamento das potencialidades do mercado. Além de ambas abandonarem a concorrência e as disputas, a parceria possibilitou a troca de *know how*, tornou mais efetiva a comunicação de *marketing*, melhorou o atendimento e os serviços aos clientes, favoreceu o recrutamento de novos talentos médicos e maximizou a rentabilidade. O que começou com a ideia de uma *joint venture*, o tempo transformou em uma fusão das duas empresas.

Em uma negociação que envolve parceria e demanda a convivência de duas partes com culturas diferentes, é necessário conhecer os precedentes que podem favorecer ou dificultar o trabalho em conjunto. Procure descobrir se as pessoas estão otimistas e entusiasmadas, ou se apresentam resistências com o foco das questões negociadas. Identifique se elas estão em condições de interpretar corretamente as novas responsabilidades, e pense no que fará para que elas atuem de maneira compatível com o escopo da nova estratégia do negócio.

Crie condições para que as partes saibam lidar com os imprevistos que poderão surgir, caso as circunstâncias mudem. Mudanças podem ocorrer na dinâmica do mercado, na economia, nas relações entre clientes e fornecedores, nas condições ambientais, na legislação, na relação com terceirizados e no relacionamento entre os parceiros. Para que haja segurança na execução do projeto, preveja e esclareça como as partes deverão encarar as situações que exijam uma reavaliação e até uma renegociação de partes do acordo.

Por essas razões, no momento oportuno, pergunte à outra parte, e esteja também em condição de responder, as seguintes questões: "Como lidaremos com eventos não previstos?"; "como tomaremos decisões em situações de risco?"; "como trataremos situações de conflitos?"; "como devemos nos comunicar para superar impasses?". As respostas a essas questões minimizam os riscos de uma debilitante relação "nós-eles". Essas alternativas, se praticadas, fazem com que as partes unam seus esforços, sem restrições, para encontrar caminhos que facilitem a convivência durante a existência do acordo.

A boa implementação começa no planejamento. Ao planejar a negociação, prepare um *design* da reunião que leve em conta: os objetivos das partes; os benefícios e riscos do negócio; as pessoas envolvidas; os entraves burocráticos; as possíveis repercussões do acordo; e prepare, também, um esboço de como será o processo de implementação. Pense no que pode significar ganhos e o que representaria perdas para cada um dos lados, identificando: "o que a outra parte precisa e valoriza muito, e o que eu não preciso nem valorizo tanto". Raciocinando assim, você poderá imaginar alternativas que lhe permitam "ceder em algo que não o prejudique, mas que seja útil e conveniente para o outro lado".

Entretanto, tenha sempre em mente que, uma vez concluído o acordo, o grau de satisfação de cada lado estará na comparação entre "o que se esperava" e "o que se recebeu". Portanto, para que a negociação seja bem-sucedida, você deverá demonstrar para o outro lado, por palavras e ações, que o seu propósito é o de compatibilizar os objetivos mútuos. Com isso você promoverá, além da boa interação, a qualidade e a continuidade do relacionamento[2].

---

2 * O propósito deste livro e as ideias nele contidas têm finalidade comercial. As técnicas aqui apresentadas não incluem, por exemplo, negociações com sequestradores, nas quais os objetivos dos policiais são libertar os reféns e prender os delinquentes (situação em que a continuidade do relacionamento não é importante).

Capítulo 2

Afinal, o que é negociar bem?

A negociação é uma atividade de risco. Nela sempre há disputa de interesses e você nunca sabe como o outro vai jogar. O oponente pode pressionar, blefar, intimidar, ameaçar, coagir, ou até tentar desestruturá-lo, emocionalmente. Em uma negociação, a diferença entre ganhar ou perder, lucro ou prejuízo, aceitação ou rejeição, continuidade ou rompimento, está na sua habilidade em lidar com as situações conflitivas, com os comportamentos de dominação e com as tentativas de manipulação do oponente, se for alvo delas.

Toda negociação é única, tem sua singularidade e diferencia-se de todas as outras. Embora possam existir semelhanças, uma negociação distingue-se das demais em muitos aspectos: o problema a ser resolvido; as necessidades e expectativas das partes; as pessoas que estão envolvidas; os antecedentes do relacionamento e a urgência em concluí-la. Quer você esteja atuando como vendedor ou comprador em negócios de alta complexidade, comprando ou vendendo um imóvel, negociando um empréstimo, um financiamento, ou renegociando condições contratuais, a negociação envolve "mudança das condições atuais" para um "estado desejável".

Mudanças requerem explorar o desconhecido. E o que é desconhecido? Desconhecidas são as respostas a cinco perguntas que você deve se fazer antes de se sentar à mesa com a outra parte: *O que eu quero e por que vou negociar? O que é determinante nessa negociação? Que aspectos da minha proposta podem interessar ao outro lado? Como é o estilo de negociar do meu oponente? Como ele poderá reagir ao considerar as mudanças decorrentes do acordo nos termos que vou propor?.*

Um negociador que somente vê o seu lado, não sendo sensível às preocupações e expectativas do outro, não será eficaz. Por isso, enquanto debate as questões, você deve demonstrar para o oponente que tem elevado "senso de justiça". Evidencie o seu propósito de seriedade para o interlocutor, demonstre que princípios éticos balizam sua maneira de conduzir as conversações e o relacionamento. Deixe claro, por palavras e atitudes, que conduz a negociação dentro de estritos parâmetros de equidade e que o acordo, se vier a ocorrer, deve ser justo e razoável.

Enquanto debate as possibilidades e as condições do provável acordo, sua postura profissional irá ajudá-lo a estabelecer uma relação de confiança com o oponente. Sua atitude de consideração pelo interlocutor irá levá-lo a valorizar os pontos de concordância, a alterar situações adversas, a superar discordâncias e a demonstrar, para ele, que você faz o que puder para que os ganhos sejam mútuos. Conduza as conversações de maneira "predominantemente cooperativa". Você comprovará que isso promove o diálogo, evitando confrontos, favorece a busca de alternativas que contemplem os interesses das partes e possibilitem um bom acordo.

A natureza da negociação pressupõe uma relação de interdependência: o vendedor precisa do cliente e o cliente do vendedor. Por essa razão, o negociador deve focar o que lhe interessa e descobrir fórmulas para fazer com que o outro também fique satisfeito com o encaminhamento da solução. Deve ser assim, porque em uma negociação ambos precisam ganhar ou ter a sensação de estar ganhando alguma coisa, mesmo que em "moedas" diferentes: enquanto um ganha dinheiro ou melhores condições de rentabilizar seu negócio, o outro ganha *status*, prestígio, reconhecimento, facilidade decisória, segurança, tempo, melhores condições de trabalho. Ao final, se a negociação for bem-sucedida, cada parte ficará com o que mais valoriza.

O método de negociar desenvolvido na Universidade de Harvard, nos Estados Unidos, pela equipe de Roger Fischer, sugere que a negociação seja "baseada em princípios"[3]. Esse método propõe conduzir a negociação de tal forma que as decisões sobre as questões tenham por base o seu mérito e não as exigências de cada lado. Para usar esse método, você deve insistir com a outra parte para que os acordos baseiem-se em padrões justos, independentemente da vontade de cada lado, demonstrando que assim os resultados serão produtivos.

O método também propõe que o negociador seja rigoroso quanto aos méritos e brando no relacionamento com as pessoas. Para tal, é necessário colocar em prática o princípio: *"Seja firme com o problema e amável com a pessoa"*. Agindo assim, você poderá ser assertivo no tratamento das condições do negócio e, ao mesmo tempo, diplomático no relacionamento com a outra parte. Enquanto garante a objetividade no tratamento das questões, demonstra consideração pela subjetividade do interlocutor.

Os estudiosos de Harvard afirmam que cada movimento dos negociadores contribui para criar a atmosfera da reunião. Esses movimentos sempre interferem em uma das quatro variáveis que compõem o processo da negociação, que são: *pessoas, interesses, alternativas, critérios*. O método sugere que o negociador será eficaz se colocar em prática os seguintes princípios: "crie várias alternativas antes de decidir o que fazer"; "separe as pessoas do problema"; "concentre-se nos interesses, não nas posições"; "insista em que o resultado tenha por base algum padrão objetivo (critérios de justiça, por exemplo)". Esses temas serão aprofundados no decorrer do livro para que você possa utilizá-los com objetivo de adequar o direcionamento do debate e nortear a sua argumentação.

O negociador de alto desempenho

Saber negociar ajuda gerentes e executivos no exercício da liderança. Tom Chung, em seu livro *Qualidade começa em mim*[4], apresenta os resultados de duas pesquisas que comprovam isso. Uma delas foi realizada para identificar as

---

3   *Fisher, Roger & Ury, William. Tradução de Vera Ribeiro. Como chegar ao Sim. Imago, 1.985 p. 9
4   Chung, Tom. *Qualidade começa em mim*. São Paulo: Ed. Maltese, 1.996 p. 18 e 19.

competências e habilidades requeridas para o desempenho dos executivos nas grandes corporações; a outra focou a atividade das mulheres empreendedoras. Nos dois grupos-alvo, os resultados destacaram os traços de personalidade e competências necessários para esses profissionais exercerem suas atividades com eficácia. Entre esses atributos, destacam-se: experiência, integridade, liderança, educação formal, cultura geral, carisma, visão de negócio, capacidade de decisão, habilidade de comunicação interpessoal e de negociação.

Uma dessas pesquisas, feita pelo jornal *US Today,* identificou que o mais importante para que as mulheres empreendedoras conquistem e mantenham suas posições de liderança é a "habilidade de comunicação" (89% das respostas). Outra pesquisa, feita pela revista *The Executive Magazine,* realizada com duzentos executivos norte-americanos, que ganhavam, na época, acima de duzentos e cinquenta mil dólares anuais, identificou a "capacidade de comunicação e negociação" como o principal atributo para uma carreira de sucesso (71% das respostas). É, portanto, usando recursos de comunicação e a habilidade de negociação que esses profissionais agem como agentes de mudanças transformadoras e como catalisadores de resultados.

No modo de atuar do negociador de alto desempenho, destacam-se os seguintes traços de personalidade/competência:

- sua efetividade nas ações;
- sua assertividade na comunicação;
- o fato de ser construtivo nos relacionamentos.

O negociador de alto desempenho é efetivo em suas ações, somente entra em uma negociação se está convicto de conduzi-la de maneira produtiva. Ele nunca desvia dos objetivos. É inovador nos métodos de abordagem das questões, na forma de conduzir as conversações, na maneira de apresentar as proposições e no fechamento do negócio. Sua efetividade pode ser percebida por suas ações durante o processo e pela sua capacidade de tomar decisões estratégicas.

O negociador de alto desempenho é assertivo. Comunica-se, colocando as coisas da maneira que lhe interessa, sem ferir suscetibilidades do interlocutor. Expõe suas ideias, apresenta seus pontos de vista e, quando necessário, expressa seu desacordo, sem provocar irritação do oponente. Ele sabe resistir às manipulações, ameaças, chantagens ou mesmo às bajulações que enfrenta. Atua estrategicamente nos debates utilizando toda a sua capacidade de concentração e atenção aos detalhes. Usa argumentos que privilegiam a lógica e apresenta alternativas convincentes para a outra parte. Ao mesmo tempo em que é sensível às necessidades e expectativas do oponente (sem reforçá-las), nunca cede rapidamente em pontos importantes da negociação, não deixando, é claro!, de "barganhar" qualquer concessão que possa fazer.

O negociador de alto desempenho é construtivo nos relacionamentos. Evita desgastes e minimiza o impacto das disputas de poder. Faz isso, administrando bem as diferenças entre as partes, harmonizando o relacionamento e interagindo da melhor maneira possível com o interlocutor. Ele usa seu "jogo de cintura" durante os debates, o que lhe permite estar sempre no comando, mesmo quando aparentemente não está. Usa as técnicas de negociação em seu favor, mas o faz de tal maneira que, mesmo sendo em seu benefício, não seja em detrimento do outro.

A eficácia do negociador de alto desempenho é resultado de muito trabalho: ele desenvolve continuamente seu talento, tornando-se um empreendedor que busca os melhores resultados nos negócios. Como empreendedor, age como um gerente que analisa tendências e transfere recursos (disponíveis ou que atrai: por exemplo, informações) para atividades que geram resultados superiores nos negócios. Como negociador, vê oportunidades e nunca perde o foco. É criativo e inovador na condução das conversações, tendo sempre em vista os resultados que almeja em seu campo de atuação.

O negociador de alto desempenho é determinado, otimista e autoconfiante. Quando negocia, mantém firmeza na crença inabalável de que vai atingir seu objetivo. Diante de um "não" do oponente, nunca encara isso como um não definitivo e, em certas circunstâncias pode perder, mas encara essa perda como temporária e continua negociando. Muitos negócios foram perdidos por falta de persistência e por não ter o negociador lutado um pouco mais. Portanto, quando você estiver negociando, esteja certo de que as suas atitudes podem ser mais importantes do que suas aptidões. Lembre-se das palavras de Thomas Jefferson (1743-1826), terceiro presidente dos Estados Unidos que, falando sobre enfrentar dificuldades, afirmou: "Nada pode deter o homem que tem a atitude mental correta para alcançar sua meta"[5].

---

5 *http://pensador.uol.com.br/frase/OTI2MjY3/ - Consulta em 16/12/2.013

Seu grande desafio como negociador-empreendedor é ter imaginação sem perder o senso de realidade. Dedique-se à pesquisa para detectar oportunidades, planeje e crie sua estratégia. Antes de reunir-se com o oponente, analise o contexto e as circunstâncias em que deverá ocorrer a negociação. Verifique se pode criar um "cenário favorável" para que seus objetivos estejam em consonância com "a interação dinâmica das variáveis que envolvem o negócio". Atue como um empreendedor estrategista: pense não só no processo de negociar, mas também nos desdobramentos que podem decorrer do acordo.

O que distingue os negociadores de alto desempenho:

- Postura ética
- Respeitabilidade
- "Senso de justiça"
- Clareza de propósitos
- Capacidade de planejar
- Capacidade de tomar decisões
- Determinação para atingir objetivos
- Abordagem estratégica das negociações
- Empreendedorismo - criatividade - inovação
- Capacidade de comunicação - habilidade de interação
- Conhecimento profundo da área de negócios em que atua
- Capacidade de interpretar com clareza a realidade do negócio
- Capacidade para abordar os problemas de maneira integrativa
- Assertividade - efetividade - "ser construtivo nos relacionamentos"

O seu melhor desempenho na negociação

Em uma negociação não importa o quanto você seja ou se julgue bom; importa, e muito, como você é percebido pelo outro. O oponente analisará seus comportamentos e atitudes, os argumentos que usa, a firmeza que demonstra nas posições que assume, a convicção nas afirmações que faz e as respostas que dá quando inquirido. Lembre-se de que sempre será mais fácil para você ganhar respeito usando argumentos que não contradigam as ideias do interlocutor. Embora muitas vezes você tenha que discordar do outro negociador, coloque em prática o principal recurso de comunicação nas interações humanas: "não confrontar o interlocutor". Discordância não é confrontar o outro!.

Conhecer a natureza humana, saber lidar bem com as diferenças individuais, analisar o perfil do oponente, identificar emoções, perceber atitudes, motivações e até o ceticismo são recursos que você precisará utilizar para interagir. Você terá que lidar bem com quaisquer que sejam as reações racionais e emocionais que o oponente demonstrar. Com um determinado interlocutor, você terá que suplantar o imediatismo dele que, por não saber adiar recompensas, está prejudicando, com esse comportamento, o andamento das conversações; com outro, você terá de removê-lo da inércia e superar sua resistência, contornar seus hábitos e condicionamentos, atitudes que dificultam o progresso dos debates.

Nunca perca negócios por teimosia (há pessoas que preferem perder o negócio, mas não querem perder a discussão). Se for necessário desmontar argumentos falaciosos ou agressivos do oponente, defenda-se com uma pergunta ou com o seu silêncio. Comunique-se com clareza e só faça afirmações quando tiver certeza. Justifique suas afirmações e os argumentos que usou somente se for para dar sustentação às colocações que fez.

Como negociador você será tão mais eficaz quanto melhor for a sua visão de futuro, quanto mais incansável seja na busca de seus objetivos. Se já possui uma curiosidade infindável frente ao novo e um desejo constante de aprender, estará sempre bem informado sobre tudo o que acontece. Se sua curiosidade e interesses são abrangentes melhor para você. Todas as áreas do conhecimento, esportes e artes, música, cinema e teatro, podem ajudá-lo a manter boas interações com a contraparte. Atualize-se sempre sobre negócios, informe-se sobre acontecimentos da economia, estratégias de *marketing* e casos de sucesso das grandes corporações. Você sabe, poderá precisar desse universo de conhecimentos para enfrentar os desafios de cada reunião.

Experimente novas técnicas e valide suas ações. Assumindo um compromisso com o autoaprimoramento, transformará seu esforço de melhoria contínua em um propósito de busca da excelência. E, para chegar à maestria, mantenha sempre acesa "a chama do questionamento". Analise o seu desempenho, os resultados que alcançou e descubra novas maneiras de ampliar sua visão. Como um esportista de muitas vitórias, tire o melhor proveito de sua competência descobrindo suas potencialidades e trabalhando para utilizar plenamente os talentos que tem - ("não despreze o talento que há em ti" – Timóteo 4-14).

Perguntas para autoquestionamento:

- Por que faço isso?
- Por que dessa maneira?
- Como está o meu desempenho?
- Quais atitudes/comportamentos devo evitar?
- Quais atitudes/comportamentos devo manter?
- Quais atitudes/comportamentos devo mudar?
- Quais novas competências eu preciso desenvolver?
- Como está meu progresso na busca da excelência?
- Como posso ampliar minha visão conceitual sobre negócios?

Capítulo 3

Amplie sua visão e negocie melhor

Quem se aventura a negociar sem conhecimento, ou com pouco conhecimento, sobre a metodologia da negociação pode, na maior parte das vezes, atuar por "ensaio e erro" o que, quase sempre, leva a perdas significativas ou a um tímido aproveitamento das oportunidades. Por outro lado, o negociador que ampliar sua visão terá um desempenho significativamente superior. Visão, nas palavras do escritor irlandês Jonathan Swift (1667-1745), é "a arte de enxergar o invisível"[6]. A visão, uma vez ampliada, permite ao profissional de negócios entender o processo da negociação e a vislumbrar seus possíveis desdobramentos. Tudo o que ocorre em uma negociação tem repercussões e é, portanto, antecipando-se a essas consequências que o negociador conseguirá bons resultados.

A eficácia do negociador depende de inovar e mudar de maneira significativa o seu modo de atuar. Isso só ocorre após ele incorporar conceitos ino-

---

6 * http://pt.wikiquote.org/wiki/Jonathan_Swift - Consulta em 16/12/2.013

vadores ao seu repertório de vivências. Esses conhecimentos servem para alargar seus horizontes intelectuais, ampliar sua imaginação e desenvolver sua capacidade de análise crítica. Ao criar uma visão mais abrangente sobre o processo de negociar, você passará a ver oportunidades que antes, talvez, passassem despercebidas. Agregando "pressupostos conceituais" à sua experiência prática, você se tornará mais assertivo, vai melhorar seu desempenho e é isso que o levará a atingir resultados superiores.

Ao ampliar a visão, você melhora sua cognição: a capacidade de aquisição, organização e uso dos conhecimentos. Suas capacidades de abstração e de imaginação tornam-se mais abrangentes. Essas habilidades intelectuais aumentam sua condição de fazer distinções, de estabelecer relações causais, de arquitetar novas ideias e de expressar pensamentos. Elas favorecem analisar situações por desenvolver o julgamento realista, a capacidade de síntese, bem como o entendimento profundo da complexidade dos negócios. Entendendo melhor o contexto de cada negociação e tornando-se mais estratégico, você poderá, com isso, minimizar os riscos inerentes ao processo de negociar.

Ampliar a visão é como fazer uma viagem mental do conhecido para o desconhecido. Trata-se de uma busca pela compreensão do método de negociar e de sua aplicabilidade, durante as fases da negociação, bem como das intercorrências pelas quais ela passa.

Muitos caminhos levam à ampliação da visão, vários deles são descritos neste livro nos capítulos que tratam do planejamento, da técnica das concessões, do uso adequado das táticas de negociar, e no capítulo relativo ao valor da comunicação predominantemente não competitiva. Além da leitura de textos especializados, você pode ampliar sua visão pelo acesso a casos de sucesso, consultando relatos de profissionais experientes sobre as melhores práticas, pelas simulações dirigidas seguidas de *feed back* ou conhecimento das proposições teóricas que, experimentadas à mesa, levaram quem as utilizou a atingir resultados excelentes. Todos esses meios fornecem os "pressupostos conceituais" que você necessita para negociar melhor.

Ampliando a visão, você começa a entender a negociação de maneira holística[7], isto é, passa a entender todo o processo. Assim, você vislumbra a

---

7 * Visão holística (do grego **holikós**) - visão de conjunto: ver o todo, saber que o todo é composto de partes, identificar as partes (variáveis intervenientes), perceber como essas partes se inter-relacionam e, decidir sobre mudanças (decisões) que possam ser implementadas considerando o contexto do negócio.

interdependência de todas as fases do processo: desde a abordagem, passando pelas reuniões, contatos por telefone e outros meios eletrônicos de comunicação, até o fechamento do negócio e a implementação do acordo. Essa "visão de conjunto" lhe dará a condição de imaginar possibilidades e de criar saídas construtivas durante os debates. Com ela, você apresentará proposições que viabilizem o acordo, considerando sempre as repercussões dos movimentos que você puder levar a efeito, bem como as mobilizações que provocar no oponente durante as conversações.

É a visão ampliada que permite ao negociador identificar "o que deve fazer" e "o que deve evitar fazer" na negociação. Antevendo as possíveis decorrências de suas atitudes, de suas falas e das decisões que poderá vir a tomar, você poderá prever as prováveis reações do oponente e terá condição de alinhar sua argumentação para contemplar os objetivos almejados. Tornando sua visão mais abrangente, você criará as condições para aproveitar ao máximo as oportunidades de negócio. – ("Sem visão o povo perece" - Provérbios 29.18).

Para ampliar a visão:

- Desenvolver a "visão holística"
- Adotar uma atitude empreendedora
- Desenvolver o raciocínio estratégico
- Conhecer metodologia da negociação
- Analisar como atuam os melhores negociadores
- Ampliar o conhecimento sobre *marketing* e negócios
- Adotar o hábito de analisar tendências e oportunidades
- Conhecer casos inovadores da área de atuação/negócios
- Ter um bom nível de informação e aumentar a cultura geral
- Participar de eventos que reúnam profissionais de negócios
- Conhecer novas tecnologias que favoreçam a realização de negócios
- "Ir a fundo" na análise das questões – nunca aceitar a superficialidade

Parceiros ou adversários?

Na negociação, as partes impõem seu estilo de negociar, medem forças, estabelecem condições, cedem em algumas posições. Ora demonstram firmeza, ora flexibilidade. Colocam em prática todo o seu conhecimento e competência e utilizam as informações que possuem para superar divergências e chegar ao acordo. A negociação é, por princípio, uma disputa, contudo é melhor conduzi-la de maneira "predominantemente colaborativa". Mas, para que haja colaboração, as partes devem ter a consciência de que isso pode ajudá-las a chegar a um acordo que represente benefícios mútuos.

Embora isso seja desejável, nem sempre as negociações ocorrem num clima tranquilo. Muitas delas são fortemente acaloradas e envolvem grande carga emocional. Nesses casos, o negociador deve amainar os ânimos exaltados do oponente e "jogar firme" para que ele não ultrapasse limites, não invada nem tente dominar. Agindo assim, o negociador supera os confrontos que o oponente tenta impor e conduz o relacionamento com diplomacia, reduzindo o peso das tentativas de dominação do oponente.

Confrontos verbais podem danificar o relacionamento. Evitar o confronto com a outra parte não é deixar de exercer a capacidade de argumentação e de debater as ideias e proposições. Evitar o confronto não é o mesmo que sacrificar os próprios objetivos ou priorizar os objetivos da outra parte, é saber lidar com as falas e até com as emoções, às vezes exasperadas, do outro e, com tato, superar o risco de o debate transformar-se em conflito, o que seria desastroso para a continuidade da conversação.

Em situações de risco elevado, se surgirem problemas de comunicação ou algum impasse, é quando você colocará em prática toda a sua habilidade de negociar. Nessa circunstância, você deve mobilizar-se, com cuidado, fazendo uso do fator tempo como seu maior aliado. Seja discreto e ao mesmo tempo firme. Não entre em confronto direto com o oponente. Em momentos delicados da conversação, para evitar o conflito, use o recurso da "não reação". Permaneça em silêncio por alguns instantes, assim será para você mais fácil vencer a dificuldade sem alimentar o confronto. Atue como ensinou o estrategista militar Sun Tzu[8], que há 2.500 anos escreveu em seu livro "A arte da guerra": "O mérito supremo consiste em quebrar a resistência do outro sem lutar".

---

8   Tzu, Sun. *A arte da guerra*. São Paulo: Clio Editora: 2.008. p. 55

Em negociação, o melhor acordo não é aquele em que se ganha o máximo, mas sim o que proporciona o melhor ganho possível. Às vezes, você precisará levar o oponente a perceber que a negociação não deve ser uma forma extremamente competitiva de se conseguir os resultados esperados. Deve deixar claro para o oponente que um precisa do outro para negociar e que ambos podem, mesmo tendo interesses divergentes, negociar de maneira menos competitiva para chegar ao acordo que desejam. Na negociação, não se ganha "à custa" do outro e, sim, "com" o outro. Por isso, ao invés de "um contra o outro", a melhor forma de atuação é "ambos contra os problemas".

Negociação – uma visão ampliada

Uma negociação ocorre quando uma parte percebe que a outra tem algo de "valor" que lhe interessa e demonstra disposição para negociar. Na negociação, valor é tudo aquilo que funciona como "moeda de troca", que pode ser: objetos, recursos, prazos, condições, recompensas (às vezes, até sanções a serem evitadas) que o negociador usa para aumentar o interesse do oponente. Nas conversações, não basta que o negociador, reivindicando, "exija valor" naquilo que quer obter, é necessário que ele também saiba "agregar valor" ao que tem para oferecer. Nas reuniões, o negociador que tiver mais autonomia para "oferecer recompensas" ou para "exercer sanções", terá mais poder para conduzir os debates e direcionar as decisões.

Negociar implica tanto em "apropriação de valor" quanto em "criação de valor". Deve ser assim para que haja "equidade" entre os dois lados: não se pode "exigir valor" se não se tem "algo de valor para oferecer e permutar". Para conseguir algo que almeja, você precisa influenciar a percepção do oponente levando-o a reconhecer o valor do que estará recebendo em troca. Para tanto, pergunte a si mesmo: O que eu posso fazer para encontrar pontos de concordância com base no "balanço de valor" entre o que eu quero e o que a outra parte pretende? Tenha sempre em mente que "preço" não é "valor". Preço é o quanto se paga monetariamente por algo, valor é o que se vê como importante naquilo que se obterá fechando o negócio.

O proprietário de um barco usado quer vendê-lo porque está no local onde pretende ancorar o novo que encomendou. Um diretor de TV, para completar a locação e o cenário de uma telenovela, deseja comprar um barco velho que será usado em um dos capítulos da trama. O barqueiro pede R$ 5.000,00 pelo barco, o qual para ele não tem mais utilidade; ficou feliz pelo fato de o diretor, sem regatear, pagar o preço que pediu. O diretor de TV também ficou feliz porque imaginava ter que investir muito mais do que esse valor em um barco que, na sequência da filmagem, será destruído por explosão. Para quem vendeu, a principal motivação foi "liberar espaço"; para quem comprou, foi "dar continuidade às gravações da telenovela". Ambos conseguiram o que queriam e rapidamente.

Mas nem sempre é tão rápido assim. Muitas vezes você precisará demonstrar que sua proposta é muito mais ampla do que os "tangíveis" do negócio (bens, objetos, serviços, dinheiro). Você terá que mostrar, para a outra parte, que o que propõe contempla também aspectos "intangíveis" (sentimentos das pessoas, opiniões do grupo, *status,* prestígio, reconhecimento, ganho de conhecimento, aprendizagem). Esses intangíveis, de certa forma, já estão presentes, de maneira subjacente, nas proposições que faz. Mas, como afetarão a percepção de valor pela outra parte, eles serão mais apreciados se você souber destacá-los de maneira a influenciar o pensamento favorável do interlocutor.

Na negociação não basta buscar "o melhor negócio". É necessário identificar as necessidades e expectativas da outra parte para conduzir "um processo de criação de valor", de tal forma a enaltecer aquilo que é alvo da transação. Só assim, será possível aumentar o "valor percebido" pela contraparte. Por essa razão, algumas vezes, você valoriza o que propõe demonstrando para a outra parte que não tem urgência em fechar o acordo ("Enquanto não vender o apartamento, continuo morando aqui"); em outras vezes, pode ser exatamente uma "declaração de emergência" que levará o oponente a apressar sua decisão ("É bom o senhor aproveitar porque a tabela de preços terá aumento no próximo dia dez").

Clientes não compram produtos/serviços pelo seu valor intrínseco, compram pelo valor que percebem neles (posse, uso, *status,* tranquilidade, investimento, produtividade, facilidade do processo de decisão, inovação, lucros etc.). Portanto, um vendedor deve destacar, além dos benefícios da proposta e do negócio, os argumentos que ampliam a motivação de compra do cliente. Mas, por seu lado, esse mesmo vendedor pode preferir não vender se vislumbrar riscos na análise de crédito do cliente potencial. Isso porque receber, receber em dia e manter o cliente, representam fontes de valor que o vendedor considera na hora de fechar um negócio. Além disso, um vendedor também deve pensar no que representa esse negócio no contexto do mercado em que atua (repercussões favoráveis ou desfavoráveis).

Cada parte é livre para aceitar ou rejeitar a oferta, por isso, o negociador estabelece sua estratégia e, para "valorizar" suas proposições, usa a técnica das concessões "trocando algo que interessa ao outro, por algo que não lhe faz falta". É claro que, para isso, "impõe" certas condições, por exemplo: "Posso pensar num prazo maior se o senhor comprar o dobro de unidades e antecipar a data de pagamento" (vendedor); "Posso antecipar o pagamento se o senhor enviar o produto já etiquetado com o preço de venda e estendendo a garantia para 24 meses" (comprador). Na "troca de concessões", o negociador deve "fazer o outro lutar pelo que quer", pois quanto mais ele lutar, mais valor dará àquilo que deseja. Nesse sentido, a "criação de valor" envolve não só as ações do vendedor, mas também as reações do comprador e vice-versa.

Negociar pressupõe que cada uma das partes renuncie a alguns aspectos de suas pretensões e flexibilize em outros: isso nem sempre é fácil. Onde há renúncia de algo que se possui associada aos interesses e às expectativas (que são diferentes para cada uma das partes), pode haver conflito. Conflitos podem ocorrer pela tendência de uma pessoa condenar a outra por pressupor que esta não vá atender às suas expectativas, pelo medo apresentado por uma delas de ser manipulada, por grande discordância de ideias, ou por desacordo quanto às condições do negócio. Na negociação, um conflito "não trabalhado" desgasta o relacionamento e pode inviabilizar o acordo.

É necessário cuidado porque os conflitos podem permanecer latentes, não manifestos. Por isso, procure identificar antecipadamente os conflitos potenciais e minimize seus efeitos caso venham à tona, pois sempre há o perigo de um "conflito de interesses" transformar-se em um "confronto entre pessoas". Evite que isso ocorra, mas, se um conflito aflorar reaja de maneira construtiva. Trabalhe com os "fatos objetivos" e não com as "opiniões subjetivas" da outra pessoa, e use sua argumentação para redirecionar o debate e destaque para o outro algo bom que possa vir a ocorrer no futuro.

Ajustar as diferenças das partes não é tarefa fácil, requer muita habilidade para vencer as resistências do oponente e fazer com que ele veja a negociação como um meio de encontrar soluções aceitáveis. Isso demanda experiência, visão estratégica, preparação, sensibilidade e muita habilidade para lidar com expectativas, sentimentos, opiniões e suscetibilidades do interlocutor. Portanto, procure negociar pensando em conseguir o acordo sem prejuízo do relacionamento. Melhor ainda, se a oportunidade de negociar servir para que você possa estreitar e fortalecer as relações já existentes.

Algumas ideias para negociar:

- Manter o foco
- Pensar nas repercussões
- Estimular o outro para participar
- Ter bastante tempo disponível
- Procurar compatibilizar objetivos
- Encontrar meios de estabelecer confiança
- Envolver as pessoas que influenciam as decisões
- Ouvir e fazer o outro sentir que está sendo ouvido
- Pensar nas concessões (que vai solicitar/poderá fazer)
- Procurar antecipar-se às objeções (é melhor do que somente reagir a elas)
- Evitar competir com o outro - as ideias podem competir, as pessoas não
- Evitar que o "conflito de interesses" transforme-se em um "confronto entre pessoas"

Capítulo 4

Use em seu benefício o poder das atitudes positivas

Com o objetivo de confirmar opiniões de alguns comandantes militares sobre atitudes, comportamentos e reações dos soldados na guerra do Vietnã, o exército dos Estados Unidos fez uma pesquisa com os feridos e acidentados em combate. O resultado comprovou que o soldado ferido que perdeu a perna ou o pé, aceitava melhor sua condição do que aquele que perdeu um dedo. Quem perdia o pé voltava para casa, mas aquele que perdia um dedo, depois de reabilitado, voltava para o inferno do campo de batalha. O resultado da pesquisa mostrou que para muitos, tragicamente, perder o pé podia "ser melhor" do que perder um dedo.

Como entender uma atitude como essa? Por que para algumas pessoas, em certas situações, perder mais pode ser melhor do que perder menos? Em uma negociação, alguém pode estar disposto a perder agora para ganhar depois? Até que ponto um

25

negociador poderá sacrificar "pequenas perdas" pelos resultados que almeja? A lógica e a experiência têm demonstrado que os negociadores admitem perder alguma coisa de menor valor, se vislumbrarem ganhar algo de valor maior no futuro.

Outra pesquisa, feita pelo *National Training Laboratories*[9], identificou as razões que levaram os norte-americanos a perder aquela guerra. O resultado mostrou que, enquanto os soldados do ocidente lutavam por dinheiro, como mercenários em um local desconhecido, os nativos lutavam por uma causa. Os jovens norte-americanos enviados para combater, combatiam por profissão. Os *vietcongs* tinham uma filosofia comum e objetivos comuns: defendiam o que era deles, conheciam muito bem o território e tinham grande flexibilidade tática. Além de combater, exerciam vários papéis na sociedade: em alguns momentos eram guerrilheiros e soldados; em outros, atuavam como agricultores, sacerdotes, pais de família.

A primeira pesquisa revelou que as pessoas dispõem-se a sacrifícios momentâneos para obter o que desejam no futuro. A segunda evidenciou que os indivíduos que têm uma "causa" pela qual lutar, dificilmente perdem o foco e, geralmente, dão de si o máximo para conquistar o que desejam. Na atividade de negociar, se você acredita em seus objetivos e atua com uma atitude de quem luta por uma causa, conseguirá resultados superiores nas negociações que conduzir. Obterá o que almeja agindo com determinação.

As atitudes das pessoas direcionam não só as suas ações e comportamentos, mas também suas omissões. Em qualquer tipo de relacionamento, especialmente nas negociações, a atitudes podem gerar uma predisposição para fazer ou deixar de fazer alguma coisa, tornando as pessoas receptivas ou não a determinadas ideias e situações. Isso porque as atitudes dão origem a comportamentos, levam a declarar interesses, fazer escolhas, assumir posições, concordar ou não com ideias e opiniões, aceitar ou a rejeitar pessoas e situações e a tomar decisões.

As pessoas não gostam de ser contestadas. A maioria delas tem dificuldade para reavaliar seus conceitos, seu modo de pensar e, quando expressam sua opinião, tendem a não voltar atrás. De modo geral, elas só aceitam uma nova ideia quando esta se "encaixa" no seu referencial de crenças e conhecimentos. Portanto, durante a negociação não tente contradizer ou reverter opiniões arraigadas e/ou atitudes do seu interlocutor, isso pode aumentar

---

9 * www.ntl.org - consulta em 10/05/12

a resistência dele. O cientista alemão Albert Einstein (1879-1955), para demonstrar que as pessoas dificilmente mudam de opinião e de atitudes, afirmou: "É mais fácil separar um átomo do que mudar uma atitude"[10].

Uma pessoa conservadora luta para manter as coisas do jeito que estão; outra, inovadora, pensando no futuro, quer mudar as condições vigentes para realizar algo novo. Ambas podem estar do outro lado da mesa negociando com você. Elas podem demonstrar (ou tentar omitir) atitudes e opiniões favoráveis ou contrárias às suas afirmações. Elas defenderão seus pontos de vista diante das colocações que você fizer; uma com a ótica da "manutenção" e a outra pensando em "inovação". Você poderá aproveitar as contribuições de cada uma delas. Sem reforçar as colocações que não ajudam, esteja preparado para, dependendo da circunstância, resistir a uma delas e apoiar-se em outra. Tenha cuidado para não provocar melindres e esteja certo de que o máximo do brilhantismo seria você conseguir encaminhar uma solução para contemplar os interesses de todos.

É bom lembrar que tudo o que os negociadores fazem (às vezes, até o que deixam de fazer), afeta as percepções. As percepções mudam a maneira como um vê o outro, como interpretam os fatos, as informações, as circunstâncias e isso transforma o rumo dos debates. No processo interativo das conversações, os negociadores influenciam-se uns aos outros e provocam reações. É quase que previsível: os tolerantes conseguem maior tolerância, quem é punitivo recebe certas "punições", quem é inflexível provoca inflexibilidade. Sempre há transferências e "reciprocidade" nos relacionamentos: o que um revela atrai reações do outro – comportamento gera comportamento. Portanto, para ser eficaz, você precisa saber lidar tanto com argumentos quanto com as atitudes e comportamentos do interlocutor.

As atitudes do outro negociador

Existem três maneiras de lidar com as atitudes do oponente: "intensificá-las", "mudá-las" ou "criá-las". Tentar "criar" ou "mudar" atitudes do outro negociador é tarefa árdua e, na maioria das vezes, contraproducente. Embora muitos negociadores insistam em tentar, é muito difícil mudar uma opinião quando a outra pessoa "já está mais do que convencida". É mais eficiente

---

10 * http://answers.yahoo.com/question/index?qid=20100228042124AAy0DMQ - consulta em 17/12/2.013

"intensificar" aquelas atitudes do interlocutor que são mais favoráveis para o resultado do negócio. Atuando assim você usa como "matéria-prima" os referenciais do outro e pode adequar seus argumentos às expectativas dele "falando o que ele está propenso a ouvir".

O filósofo grego Platão (427-347 a.C.), ao abordar esse conceito disse: "É preciso que se fale com a pessoa em termos da experiência dela, assim ela se tornará mais receptiva e capaz de correlacionar o que ouve com as ideias que já têm a respeito do assunto". É adequando a comunicação à natureza da outra pessoa que você, além de ganhar aceitação dela, chegará mais facilmente ao acordo nas condições que deseja.

Entretanto, há oponentes extremamente egoístas que pensam: "o que é meu é meu, o que é seu é negociável". São pessoas duras em suas posições, que querem tudo para elas próprias e não reconhecem as necessidades alheias. Analisando atitudes como essas (numa perspectiva sociológica), o filosófico inglês Thomas Hobbes (1588-1679) criou a expressão *"homo homini lupus"*[11] (o homem é lobo do próprio homem), afirmando que o ser humano luta pela sua própria sobrevivência e interesses em detrimento dos outros. Por outro lado, também existem pessoas compreensivas e solidárias, dispostas a "dividir o bolo". Estas, quando negociam, enxergam que é melhor uma parceria e a busca conjunta de soluções em lugar da competição acirrada. Elas são do tipo que pensam: "o sol nasceu para todos", mesmo assim estarão em busca dos seus interesses.

Para lidar com pessoas muito diferentes e com condutas tão distintas, o negociador precisa aprofundar seu conhecimento sobre o comportamento humano, sua complexidade e contradições. Identificar atitudes e analisar as ações e reações do oponente, nunca focar apenas as palavras e argumentos que o outro utiliza, mas permanecer atento ao contexto em que elas são ditas, procurando captar não apenas informações, mas também intenções. Não se atenha apenas ao "o quê" o outro disse, procure entender o "por que" de ele ter dito. Mais do que as palavras que usou, procure entender a razão de ele ter dito aquilo, daquela maneira, naquele momento. Afinal, o que ele pretende?

Se estiver atento tanto às palavras quanto às expressões faciais e gestos do oponente, você interpretará melhor os significados das mensagens que ele passa, e entenderá o que oculta ou pretende ocultar; o que não disse, mas deixou transparecer nas "entrelinhas". A atitude do oponente diante de uma

---

11   * http://pt.wikipedia.org/wiki/Homo_homini_lupus - consulta em 16/07/2.013

situação não depende apenas do fato em si, depende de como ele avalia o fato e de como este o sensibiliza. Para entender as reações do oponente, procure identificar o que torna determinado aspecto da negociação tão significativo para ele, por que ele insiste tanto em uma concessão que solicitou, ou por que resiste com ênfase a certa proposição ou uma contraoferta que você fez.

Avaliando as atitudes do outro negociador:

- Ele mente?
- "Joga duro"?
- Sabe flexibilizar?
- Está disposto a ceder?
- Quer ganhar a qualquer custo?
- Perde a calma e parte para agressões?
- Usa de lógica na maior parte do tempo?
- Sua atitude é competitiva ou colaborativa?
- Joga com "jeitinho" e faz o papel do "bom moço"?
- Adota a postura de "dar pouco para receber muito"?
- Tenta prevalecer-se, usando chantagens emocionais?
- Suas falas contribuem para o bom andamento dos debates?
- Age com ética e faz proposições que contemplem a equidade?

O que fazer com as próprias atitudes

Para negociar bem não basta reconhecer as atitudes do oponente, é necessário administrar as próprias. Pessoalmente, nas reuniões, nos contatos por telefone ou por outros meios de comunicação, o negociador pode demonstrar interesse ou desinteresse, motivação ou apatia, exigência, concessão, boa vontade, firmeza, franqueza, reserva... Algumas dessas atitudes podem ser positivas, outras não. Como os comportamentos são condicionados pelas atitudes, é necessário que você perceba como as suas atitudes impactam os seus interlocutores e, também, que saiba controlar os comportamentos cujos efeitos podem não ser positivos no andamento das conversações. Para ser bem-sucedido é decisivo você perceber as reações que provoca nos interlocutores enquanto negocia.

Identifique quais comportamentos você deve evitar e quais atitudes deve demonstrar na negociação. Descubra quais atitudes precisa desenvolver ou enfatizar. Isso vai ajudá-lo a atingir mais rapidamente um desempenho superior. Esse processo de autoavaliação pode começar com as seguintes perguntas: "Quando negocio, vou com muita sede ao pote?; tenho convicção do que digo e demonstro segurança?; durante as negociações uso mais a razão ou a emoção?; sou conciliador?; demonstro a importância do esforço conjunto para um acordo que beneficie ambos?; como reajo diante de perdas e frustrações?; na reunião, às vezes, sinto-me ameaçado, ansioso, deprimido, sem esperança?; diante de situações difíceis e de impasses, tenho tendência a abandonar a mesa; às vezes, penso em dominar a situação a todo o custo"?.

No quadro abaixo, na coluna "De" estão listados os comportamentos e as atitudes que devem ser evitados na negociação. Na coluna "Para" estão, em destaque, as atitudes e os comportamentos que favorecem a condução das reuniões.

Mudando atitudes para negociar melhor:

De	Para
Competição	*Cooperação (no relacionamento)*
Tendência para impor opiniões	*Expor ideias, argumentos e opiniões*
Desconsiderar a lógica do outro	*Conviver com a "verdade"*
Baixa flexibilidade	*Superar situações conflituosas*
Linguagem "técnica" (inacessível)	*Comunicação centrada no outro*

Use em seu benefício o poder das atitudes positivas

"Tirar o outro do ar"	*Escutar tudo com atenção e interesse*
Preocupação com os próprios interesses	*Interesse por solucionar problemas recíprocos*
Imediatismo	*Visão de longo prazo*
Controlar o outro	*Harmonizar o relacionamento*
Atribuir culpa	*Encontrar soluções conjuntas*
Induzir	*Compartilhar*
Falar	*Perguntar – escutar*
Aconselhar	*Sugerir*
Foco no processo	*Foco na estratégia e no processo*
Uso das informações disponíveis	*Uso estratégico da "dinâmica das informações"*
Foco no lucro	*Foco no lucro e no relacionamento*

O que pensamos e sentimos condiciona nossas atitudes e, por decorrência, nossos comportamentos. Não há nada que derrote mais negociadores do que o medo e a insegurança. Conscientes disso, os melhores negociadores lutam para ganhar, mas não têm medo de perder. Eles sempre mantêm atitude positiva. Se o seu propósito é conduzir a negociação para compatibilizar os objetivos por meio de um acordo em que ambos saiam satisfeitos, não há nem o quê nem porque temer. John Kennedy (1.917-1.963), trigésimo quinto presidente dos Estados Unidos, em seu discurso de posse, deixou um legado para a posteridade ao afirmar: "Não negociemos por medo, mas jamais tenhamos medo de negociar"[12].

---

12 * http://www.jfklibrary.org/JFK/Historic-Speeches/Multilingual-Inaugural-Address/Multilingual-Inaugural-Address-in-Brazilian-Portuguese.aspx - Consulta em 26/03/2.012

Negociações fracassam quando o pessimismo e a atitude negativa dominam o negociador mesmo estando ele, muitas vezes, perto da vitória. A experiência tem comprovado que grande parte das vendas ocorre depois de o cliente ter dito oito vezes a palavra "não". Mas, mesmo diante de uma atitude negativa do comprador e de mais um "não", o bom vendedor nunca se sente derrotado, mantém a atitude positiva e acredita que obterá êxito no negócio. Pensando assim, nunca desista diante de dificuldades. Convicção efetiva negócios; persistência e perseverança, vontade e determinação, também. Somente uma atitude empreendedora poderá levá-lo ao sucesso nas negociações que conduzir. Pratique o otimismo e coloque em prática o pensamento de Sêneca (4 a.C-65 d.C.), filósofo romano nascido em Córdoba, que disse: "Grande parte do progresso está na vontade de progredir"[13].

---

13 * http://www.quemdisse.com.br/frase.asp?frase=57697&f=grande-parte-do-progresso-esta-na-vontade-de-progredir&a=seneca - Consulta em 08/06/2.012

Capítulo 5

Você precisa de um método para negociar

A metodologia da negociação é de rápido entendimento, imediata aplicação e produz resultados excelentes quando bem empregada. O contato com ela é revelador, especialmente para quem negocia empiricamente com base apenas na experiência. Ao conhecê-la, o negociador tem um grande *insight*, uma rápida compreensão de como pode melhorar sua eficácia. Ao empregar essa metodologia, você mudará a sua maneira de conduzir os debates, de interagir com o interlocutor, e a forma de tomar decisões e de avaliar os resultados da negociação.

Aplicando a metodologia, você se mobilizará, estrategicamente e avançará com mais segurança nas conversações. Com ela, poderá refletir sobre sua atuação, confirmando acertos, percebendo falhas e identificando o que pode melhorar. Usando-a com frequência, você verificará, depois de algum tempo, que se, em princípio, aplicava a metodologia de maneira consciente e deliberada, com a experiência, passou a fazê-lo espontaneamente, quase como um reflexo condicionado e que, com isso, está atingindo resultados muito superiores.

A metodologia da negociação deve ser utilizada em todo o processo da negociação, em particular nas conversações. Ela contempla três variáveis fáceis de memorizar:

- **Informação**
- **Tempo**
- **Poder**

Essas variáveis são interdependentes. Não se pode falar em "tempo" sem se cogitar a "informação"; nem tampouco mencionar o "poder" sem incluir as duas anteriores: informação e tempo. No processo de negociar usa-se o "tempo" para obter "informação" e, ao usar estrategicamente as informações e o tempo, o "poder" de negociar aumenta muito. O conhecimento do método de negociar, bem como o entendimento da dinâmica dessas três variáveis, permitirá a você usar com segurança as técnicas e táticas (capítulo 12) nas negociações que conduzir de agora em diante.

```
              INFORMAÇÃO
                  /\
                 /  \
                /    \
               / NEGO-\
              / CIAÇÃO \
             /_____\
         TEMPO          PODER
```

Antes de analisar em profundidade cada uma dessas variáveis, é necessário lembrar que "informação" não é "conhecimento". Conhecimento é abstrair ideias ou noções sobre algo (percepção clara, apreensão completa que permite análise e síntese); informação é resultante da organização de dados (redução da incerteza sobre determinada circunstância, fato, pessoa, situação). "Dado não é informação, informação não é conhecimento, conhecimento não é sabedoria"*[14], afirmou o astrônomo Cliff Stoll. Quem possui informações, mas carece de conhecimento, não pode tirar bom proveito delas. Portanto, é o conhecimento do método de negociar que dá condições ao profissional de interpretar as informações disponíveis.

Vamos analisar mais a fundo. As informações que um negociador experiente usa com habilidade por ter conhecimento da metodologia de negociar, para um leigo de nada serviriam. Isso porque é o conhecimento que "processa" as informações. Por exemplo, um economista, por mais competente que seja, não pode lembrar qual foi a inflação no mês de abril de 2.001 (informação), mas, se quiser e se tiver os dados disponíveis, poderá fazer uma análise crítica (usando seu conhecimento) de como foi o comportamento da inflação daquela data até os dias de hoje. Com isso, poderá identificar quais foram as implicações do processo inflacionário no desenvolvimento socioeconômico do país.

O conhecimento da metodologia da negociação, agregado ao repertório de vivências do profissional, aumenta sua capacidade e habilidade de negociar. Esse conhecimento passa a fazer parte da sua formação, do seu lastro cultural e da sua competência e isso o levará a uma performance superior. Entretanto, as informações que ele reunir para conduzir determinada negociação são específicas, elas servem para aquela situação particular, depois de utilizadas podem não ter mais utilidade. O conhecimento permanece, a informação pode ser perecível.

Informação

"Informação" reduz incertezas. Informações são dados analisados, tratados e confirmados entre diversas fontes. Elas servem para conhecer: o perfil de uma pessoa, uma empresa, uma situação, um fato, uma determinada

---

14 * http://ww3.lfg.com.br/public_html/article.php?story=20091010095646421&mode=print - Consulta em 20/09/2.009

ocorrência. Informações são essenciais, elas ajudam o negociador a analisar o contexto e a entender as variáveis que influenciam a condução do negócio. Para reunir informações, você deve conhecer a empresa ou organização da outra parte; o perfil do oponente e sua maneira de negociar; as estratégias prováveis; as expectativas das pessoas que, direta e indiretamente envolvidas, poderão ser afetadas pela negociação; os antecedentes do relacionamento (se houver); o mercado; a concorrência; as variáveis econômicas; a legislação; as circunstâncias e o cenário da reunião e as condições que as partes têm de honrar o acordo, se ele vier a ocorrer.

Em virtude de o poder de negociar ser decorrente, em grande parte das informações, torna-se necessária uma dedicação especial para encontrá-las, agrupá-las e analisá-las antes da reunião. Você pode obtê-las por meio de pesquisas, entrevistas, leituras. Levantando informações nos arquivos da empresa, conversando com pessoas, analisando relatórios, lendo artigos de revistas especializadas, interpretando análises de créditos e levantamentos de custos. Também são fontes de informação: estatísticas, leis, balanços publicados, *sites* confiáveis da *internet*, jornais, pessoas, redes de relacionamento, fatos conhecidos. É fundamental pesquisar o oponente. Se tiver dúvidas, investigue mais, procure saber sobre a reputação da pessoa. Se não confia, não negocie.

O conjunto de informações é a ferramenta de trabalho do negociador. Quanto maior for a dedicação à pesquisa, maiores serão suas chances de identificar as informações e qualificá-las - qualificar uma informação significa verificar se ela é pertinente ao negócio em questão. Conhecendo em profundidade o contexto e fazendo um exercício de reflexão sobre o negócio que vai conduzir, você poderá "diagnosticar" a situação atual e fazer um "prognóstico" de como as coisas poderão ficar se houver acordo.

Analisar informações é tarefa que demanda cuidado. "Dados brutos" não representam informações. Se alguém disser "as vendas caíram 6%", este dado, isoladamente, não faz sentido para entender uma situação ou circunstância: só terá valor se for correlacionado. Quando aplicamos algum tipo de inteligência sobre os dados, eles se transformam em informação, e esta, se interpretada, pode dar pistas sobre a situação. A informação, uma vez interpretada e contextualizada, passa a ter "significado". Você encontrará significados fazendo perguntas para ter uma visão sobre as circunstâncias que levaram a tal situação: "As vendas caíram em que período?; caíram em comparação com o quê?; isso tem ocorrido nos anos anteriores?". Portanto, não basta que você tenha os dados em mãos, é necessário abstrair significados deles para conduzir a negociação.

Para identificar o significado de determinada informação e validar sua utilidade, pergunte: "O que significa essa informação no contexto deste negócio?". Essa pergunta-chave evita interpretações incorretas e afasta o risco de generalizações - generalizações podem ocorrer se o negociador tentar usar informações do passado, ou obtidas em outras negociações ou situações, para o caso presente. Para não incorrer nesse engano, é necessário correlacionar dados e informações e buscar a verdade dos fatos. Somente quando as informações formam um conjunto consistente de "significados", você compreende a inter-relação de fatos e circunstâncias que envolvem o negócio.

É necessário que você analise as informações com isenção e procure entender as razões da outra parte. Faça isso se perguntando: O que a outra parte quer?; qual a sua necessidade?; quais são os seus interesses?; quais são as suas expectativas mais evidentes?; qual o ponto mais vulnerável para que o negócio seja realizado?; o que a outra parte pode pretender no curto, médio e longo prazos?; o que ela pode pretender que, por enquanto, está oculto?; como o relacionamento já estabelecido pode influenciar os debates?; quais as evidências de que, uma vez fechado o acordo, ele será cumprido?

Ao responder a essas perguntas e correlacioná-las com as informações que obteve antes, você saberá qual a utilidade delas diante dos objetivos. Para ter condições de "mapear" diversas hipóteses e alternativas para o acordo, considere não só as questões objetivas, mas também as subjetivas e os sentimentos das pessoas. É necessário que indague, por exemplo, se aquela "reclamação por um serviço não prestado" ocorrida no ano passado pode interferir na negociação atual. Como aquele fato poderá repercutir na reunião que vai conduzir agora e como o oponente poderá reagir (há emoções negativas?; elas estão represadas?; foram bem resolvidas?).

Antes de reunir-se com a outra parte, considere se há "assimetria de informações". Se a outra parte tem mais informações ou possui muitas informações privilegiadas, isso pode desequilibrar a "balança de poder". Para diminuir esse risco, procure descobrir mais sobre o oponente, saiba previamente quem estará presente à mesa, qual o seu estilo de negociar e se essa pessoa levará assessores. Lembre-se de que a parte que tiver mais informações pode determinar os rumos na negociação. Veja o que afirmou o bilionário armador grego Aristóteles Onassis (1906-1975), cuja fama é de ter sido grande negociador: "O segredo de um negócio está em saber alguma coisa que ninguém sabe".

Perguntas para levantar, reunir e analisar informações:

- Quais problemas devem ser resolvidos?
- O que é relevante para a minha empresa?
- O que é relevante para a outra parte?
- Quais são as oportunidades?
- Quais são os ganhos?
- Quais são as possíveis perdas?
- Como está o relacionamento?
- Quais informações estão disponíveis?
- Decisões anteriores podem contribuir?
- Quais os riscos imediatos e no longo prazo?
- Quais oportunidades aproveitar imediatamente e quais no longo prazo?

Tempo

"Tudo o que você tem a fazer é esperar mais do que o outro lado!". Siga esse conselho dos negociadores experientes e você será bem-sucedido nos negócios. Tempo na negociação significa "movimento", ou seja, como o negociador mobiliza-se em direção ao acordo: como mantém a condição de atingir seus objetivos preservando o que já conquistou. Nessa circunstância, tempo não possui o mesmo sentido etimológico da palavra (significado cronológico de duração de um episódio ou evento), há sim "um sentido de mobilização" - facilidade de modificar ou de variar as situações nos debates por meio da comunicação estratégica.

"Tempo" refere-se aos avanços e recuos que as partes fazem deliberadamente, ou que são obrigadas a fazer, procurando ganhos e evitando perdas para que tenham condições de continuar negociando. É, portanto, preciso entender o tempo no sentido de "como" o negociador mobiliza-se em direção ao acordo. Isso quer dizer que há um momento certo para lutar e outro para descansar, tempo de ser firme e tempo de ceder, tempo de avançar e tempo de recuar. Por isso, para fazer bom uso do tempo "nunca vá com muita sede ao pote".

Saiba resistir às pressões e evite desgastes. Com habilidade, aproveite o momento certo para fazer um comentário ou uma afirmação, fale ou ouça, pergunte ou afirme, tome uma decisão ou adie a hora de comunicar essa decisão. A forma como você faz uso do "tempo", vai levá-lo a trabalhar as informações de maneira estratégica e a distinguir o que é mais oportuno "naquele" momento do debate. Para tanto, você precisa ser hábil em formular perguntas, perspicaz na capacidade de "capitalizar" as respostas, responder quando perguntado ou responder perguntando, ficar em silêncio, argumentar, avançar lentamente ou mobilizar-se mais rapidamente.

Para saber se está utilizando o fator tempo com eficácia, faça estas perguntas para si mesmo: "Durante a negociação procuro apresentar minhas ideias no melhor momento?; procuro ver e analisar os interesses da outra parte?; ouço mais e falo menos?; sou capaz de conviver com situações de pressão ou tensão?; consigo transformar um confronto em uma situação de lado a lado?; espero que o outro termine sua fala para iniciar minha argumentação?".

Pergunte-se também: "Como eu me mobilizo nos debates?; movimento-me rápida ou lentamente?; durante as conversações minha atitude é de abertura e flexibilidade?; de ataque ou defesa?; de pressionar ou de resistir às pressões?; alterno meus movimentos de maneira a não me tornar previsível? Naturalmente, cada uma dessas atitudes depende dos objetivos, das circunstâncias e do estilo do seu oponente. É certo que se você não utilizar o fator tempo e não trabalhar de maneira estratégica as informações que possui em seu benefício, permitirá que o oponente fortaleça a condição dele durante os debates.

O uso adequado do tempo aumentará o seu poder de negociar. Para tanto, você deverá utilizá-lo, da melhor maneira possível, em seu favor. Mas, você só conseguirá isso se tiver clara consciência do efeito do tempo sobre si mesmo e sobre seu oponente. O tempo que exerce pressão sobre o vendedor também faz pressão sobre o comprador: se o vendedor tem meta para cumprir, o comprador também tem data-limite para ter a compra dentro da empresa, com o menor custo, utilizando as condições logísticas adequadas para gerar produtividade. À mesa, um vendedor que não demonstra ansiedade para vender usa bem o tempo; um comprador que faz o vendedor lutar para conquistar o pedido também.

Portanto, não se exponha demais ou desnecessariamente. Nunca antecipe ideias ou argumentos, nem desgaste as informações que possui, isso poderia enfraquecê-lo. Ao contrário, procure guardá-las e usá-las "no melhor momento" para que tenham o impacto que você deseja provocar. Lembre-se de que cada movimento que fizer durante as conversações não representará um simples movimento. Durante os debates, cada mobilização que fizer pode estabelecer novos direcionamentos e até alterar totalmente o rumo das discussões. Como em um jogo de xadrez, quem muda uma peça não está simplesmente mudando "aquela peça", está reconfigurando tudo: está mudando o jogo!

Poder

(Leia no próximo capítulo)

Capítulo 6

Se você deve R$ 1.000,00 você está perdido; se deve R$ 1.000.000,00 seu credor está perdido!

Poder

Poder é tudo o que coloca o negociador em posição de conquistar algo e aproximar-se do objetivo. Poder é a capacidade de exercer influência e, às vezes, até certo "controle" sobre o interlocutor, direcionando o rumo dos debates e canalizando o pensamento dele em direção ao acordo. O poder do negociador é decorrente da habilidade de utilizar "informação" e "tempo", de argumentar com firmeza, de usar flexibilidade no relacionamento e de se defender com elegância. A melhor maneira de perceber o poder de um negociador é ver como ele consegue frustrar, de maneira sutil, os movimentos indesejáveis do oponente.

Todo negociador sabe, mesmo que intuitivamente, que sua tarefa é a busca constante do poder em todas as fases da negociação. Por isso, o pensamento primário de alguns é "se tenho mais poder, o outro fará o que eu quero". Porém, nunca é assim. Primeiro, porque para conseguir o que se quer, é necessário fazer algumas concessões; segundo, porque o poder não fica única e exclusivamente nas mãos de uma pessoa somente. Durante os debates, o poder transita de um para o outro, é dividido, alternado, resgatado, enfraquecido, reforçado, conquistado, perdido, reconquistado...

É fácil comprovar isso. Basta observar o desenrolar de uma negociação, real ou simulada, e veremos o poder transitar de um para o outro em questão de segundos. O negociador "A" estava superando o diálogo, mas o negociador "B" o suplantou usando um argumento irrefutável, com isso deixou A sem ação, ao menos por algum tempo. Como ambos têm sua dose de poder, eles podem aumentá-lo ou vê-lo enfraquecido, dependendo da maneira como se posicionam na conversação. Por ser o poder transitório, o negociador que planejou e está bem preparado lutará melhor por seus interesses e usará seu raciocínio rápido para sair dos momentos difíceis e de muita pressão. O negociador não deve superestimar o próprio poder nem subestimar o poder do oponente.

Ao tentar negociar um automóvel usado, o comprador diz para o proprietário do veículo: "Embora tenha baixa quilometragem, vejo que o para-brisa está riscado, há um amassado no para-lama direito, o estofamento do banco do motorista está um pouco afundado e a lanterna traseira do lado esquerdo está opaca". O comprador falando isso pensava "ganhar poder" na relação, mas ele não esperava pela reação do vendedor que disse: "Senhor fulano, os defeitos do meu carro eu os conheço todos, e o senhor não veio até aqui procurar um veículo zero quilômetro, portanto o que importa saber é se o senhor tem interesse neste veículo com seis anos de uso nas condições que ele está".

O poder que aparentemente estava nas mãos do comprador, passou rapidamente para as mãos do vendedor. Este, usando um único argumento, "colocou" o interessado na compra em uma posição de equidade para que pudessem, a partir dali, começar a negociação de igual para igual. O vendedor fez isso para conseguir "equidade", porque na negociação é fundamental o "equilíbrio de poder" entre as partes, sem o que não é possível negociar.

Sendo a negociação um jogo de poder, o negociador deve ser paciente ao lidar com as manobras do oponente. Fazer proposições condicionais, perguntar, escutar as respostas, resguardar-se e defender-se nos debates. Aproveitar os aspectos mais convenientes na conversação e neutralizar as colocações inconvenientes do oponente, sem perder de vista a possibilidade do acordo. A perspicácia para investigar os fatos e a capacidade de argumentar de maneira persuasiva, usando as informações e o tempo e aproveitando as falas do oponente, são as principais "armas" à disposição do negociador para que exerça o poder durante as conversações.

Sem um adversário à altura, um lutador não deve lutar

Um negociador pouco preparado, que carece de conhecimentos, que não planejou o suficiente ou que não possui todas as informações que precisa, não deve enfrentar o oponente, poderá ficar sujeito ao domínio e até à manipulação do outro. Assim como os boxeadores, classificados em categorias – um "peso pena" nunca luta com um "peso pesado" – um negociador despreparado e fraco, envolvendo-se na aventura de enfrentar um negociador experiente, perderá com certeza. Se houver muita desigualdade de poder entre as partes, um dos negociadores não terá a condição de disputar com o oponente o que está em jogo na negociação.

Se o vendedor de uma empresa quiser negociar diretamente com o presidente de outra, esse poderá não recebê-lo. O presidente da empresa compradora pode estar disposto a negociar, mas, para tratar de negócios, prefere falar com o presidente ou com o diretor comercial da empresa vendedora. Não se trata de competência, o vendedor pode ter todas as condições profissionais para conduzir a negociação, mas o desequilíbrio de *status* impedirá que ele se reúna com o presidente da empresa compradora. A solução, nesse caso, passa pela troca de telefonemas ou por um encontro dos presidentes das empresas. Depois dessa abordagem inicial, o vendedor deve ser introduzido no processo para dar continuidade à negociação juntamente com membros da empresa cliente em potencial.

É necessário considerar o equilíbrio de poder como um aspecto fundamental na negociação. Quando um negociador tem muito poder, decorrente da sua posição na organização ou da reputação de ser ótimo negociador, ou ainda, se por alguma razão está em situação privilegiada, ele poderá dominar o outro. Ora, o negociador que está em situação de inferioridade, não deve ir negociar. Se o fizer, não haverá negociação e, sim, submissão. Para superar essa dificuldade, é necessário criar condições que equilibrem o poder entre as partes. Mas, como fazer isso?

Por princípio, não enfrente uma negociação se há "desequilíbrio de poder". Você deve identificar quais são as suas fontes de poder. Reflita antes ir para a reunião: meu poder vem da minha competência e conhecimento nessa área de negócios?; das informações relevantes que possuo?; da estratégia que usarei?; da proposta que farei?; da criatividade dos argumentos que utilizarei?; das posições que vou assumir?; de minha capacidade de resistir às pressões da outra parte?; da disposição de manter firmeza em minhas proposições?; das diretrizes que a minha empresa estabeleceu para a negociação?; dos geradores de opinião favorável na outra organização?; da necessidade "premente" que a outra parte apresenta de fechar o acordo?; ou, de tudo isso em conjunto?

"O poder é o maior dos afrodisíacos"[15], afirmou Henry Kissinger, diplomata e ex-secretário de estado nos Estados Unidos. De fato, quem dispõe de poder tem uma grande capacidade de sedução, influência e domínio na relação com outras pessoas. Isso pode ser usado para o bem ou para o mal. Um negociador usa o poder para o bem quando quer compatibilizar seus objetivos com os da outra parte, em um clima de harmonia, preservando princípios éticos. Mas esse mesmo negociador pode enfrentar um oponente que tenta submeter, manipular, ludibriar e querer somente usar o poder em benefício próprio.

Poder é influência, não é coerção. Quando um tenta levar o outro a submeter-se, isso não é poder, é o uso da força. Como negociador, você precisa usar o poder estrategicamente. Não ceder diante de exigências do oponente, agir com firmeza, de maneira educada, mas sem se deixar subjugar. Nos momentos em que há contradição ou ambiguidade nas falas do oponente, não se apresse em entender nem demonstre ansiedade ou irritação. Use com sabedoria o poder de dizer "não" sempre que necessário. Faça isso com assertividade e sem desgastar o relacionamento. E, mesmo diante do excesso de pressão do interlocutor, faça ofertas, nunca ameaças; busque o acordo, não a vitória.

Fontes de poder

O poder do negociador não decorre somente do bom uso das técnicas e do método de negociar (informação, tempo e poder). O poder tem muitas outras

---

15 * http://www.noticiasdegoias.com.br/index.php/layout/item/201-blog-do-cipriano-o-poder-é-
-o-maior-dos-afrodis%C3%ADacos – Consulta em 17/12/2.012

faces. São fontes de poder: competência, reputação, carisma, cultura geral, repertório de vivências pessoais, habilidade interpessoal, paciência, atitude ética, postura de integridade, concentração nos diálogos, capacidade de argumentação, demonstração de convicção. Ficar calado pode ser uma forma extremamente eficaz de aumentar o poder em uma reunião. Ao permanecer em silêncio diante de uma solicitação inconveniente, você poderá, depois disso, sutilmente, mudar o rumo da conversação em direção ao que mais lhe interessa.

O poder advém, também, da capacidade de sustentar afirmações e de tomar decisões, da habilidade de resistir a ataques, da disposição para correr riscos, do seu próprio estilo de negociar, da persistência que demonstrar, da capacidade de manter as condições estabelecidas, da habilidade de condicionar a troca de concessões sem deixar espaço para perdas. O poder decorre, ainda, de saber resistir, de não se deixar abater e de estar disposto a recomeçar tudo, mesmo quando o negócio está aparentemente perdido.

Muitas vezes, o poder em negociação não é o poder que você possui, mas sim o poder que o outro acha que você possui – a percepção pode ser mais importante do que os fatos. Por isso, o poder de um negociador pode ser comparado ao seu estado de espírito: quem acha que não possui, não o possui mesmo! Se você precisa de mais poder para enfrentar determinado oponente, procure a ajuda de outro negociador mais experiente. Peça o auxílio na preparação da reunião e até mesmo na condução dos debates. Depois de reunir informações e os recursos necessários, você poderá agir estrategicamente e terá segurança. Mas não basta ter, é preciso demonstrar segurança. Se o oponente vê firmeza e convicção nas afirmações que você faz, ele o respeitará, mas se vislumbrar fraquezas, indecisões ou dúvidas, ele com certeza irá prevalecer-se disso.

O poder pode ser aparente ou estar escondido. Um oponente pode fazer uso de uma "agenda oculta", pretender conquistar algo que não declarou. Pode ter escondido no "bolso do colete" uma carta para usar no momento em que lhe aprouver com o objetivo de surpreender. Isso pode ocorrer, por exemplo, quando o oponente faz uma exigência de última hora estando o negócio praticamente fechado. Com essa "surpresa", ele pretende dominar o interlocutor para que este fique sem saída. Por isso, esteja sempre atento e analise o comportamento do oponente para ver se ele está ocultando algo. Procure imaginar "como ele poderá dar o próximo passo".

Não demonstre todo o poder que você possui

Um negociador que gosta de se mostrar esperto e inteligente poderá estar apenas afagando o próprio ego: pouco modesto e egocentrado, provocará resistência do oponente. Este pode não resistir às proposições do negócio, mas acaba por resistir à pessoa do negociador. Isso colocará o oponente em "estado de alerta máximo" para lutar com todas as suas forças. Portanto, mesmo que você esteja muito seguro, nunca é conveniente que mostre todo o poder que possui. Fortaleça seu poder não demonstrando sua inteligência logo no início da negociação. Às vezes, pode ser conveniente falar "não sei", "não entendi", "deixe-me ver se entendi direito", "pode, por favor, me explicar melhor". Essa atitude tem se revelado útil para evitar desgastes e, além disso, leva o oponente a fornecer mais informações.

Cale-se em defesa de seu poder

Um grande negociador disse: "Meu pai me ensinou a ser o último a falar numa reunião". Esse talvez seja o seu grande diferencial da habilidade de comunicação na mesa de negociação. O ideal é demonstrar que aprecia escutar muito e falar pouco, perguntar e inteirar-se de tudo, demonstrar curiosidade e interesse sincero em debater a fundo as questões. Muito do que você conseguir na conversação não será decorrente daquilo que falar, mas sim do que deixar de dizer. Mantenha a discrição. Preservando argumentos, você descobrirá se é mesmo necessário utilizá-los.

Fatores que podem limitar o poder de negociação do vendedor:

- medo de dar uma "estimativa de custo"
- pensar somente nos próprios interesses
- ter "obrigação" de cumprir a cota de venda
- não reconhecer as artimanhas do comprador
- achar que o preço que está pedindo está alto
- ser ansioso – estar ávido para fechar o negócio

- achar que o comprador não depende do seu produto
- imaginar a iminência de ser substituído por outro fornecedor
- acreditar que as condições do negócio afetarão o relacionamento
- não saber "administrar" a pressão da meta na presença do cliente
- acreditar que a "localização geográfica" distante do cliente atrapalha
- achar que o acordo é "pequeno" diante das metas que precisa atingir
- pensar que o comprador só está "pesquisando" (estimativas de custo)
- supor a existência de outros competidores (eles nem sempre existem)
- reduzir o esforço pessoal pensando no gasto de tempo/energia envolvidos
- ficar em dúvida se poderá vender para outros clientes do mesmo segmento
- achar que o relacionamento com o cliente pode ser prejudicado no longo prazo

Fatores que podem limitar o poder de negociação do comprador:

- o preço subirá em 72 horas
- desconhecimento do fornecedor
- limitações impostas pelo orçamento
- necessidade premente do produto/serviço
- impossibilidade de usar fontes alternativas
- fornecedores que trouxeram problemas no passado
- desejo de levar o vendedor a uma situação de dependência
- vários fornecedores consultados não podem entregar no prazo
- achar que os benefícios não compensam o gasto de tempo/energia
- especificações que dificultam/impedem a consulta a outros fornecedores
- medo de ficar dependente do vendedor para fornecimentos vitais no futuro
- quando o vendedor propõe: "se fizer o pedido hoje, garanto a entrega até..."
- o fato de a fábrica do fornecedor estar localizada distante geograficamente

- lentidão no processo de decisão de quem está vendendo (diante da urgência)
- exigência de certos técnicos, diretores ou engenheiros por determinada marca, produto ou fornecedor
- medo de que, mesmo fechando o acordo nas especificações, não satisfaça aos usuários
- se não pagar a primeira parcela até quinta-feira, o fornecedor não garante a entrega
- vendedor que avisa "se não me der as especificações do pedido até amanhã, não dá para entregar até o fim do mês e não poderei garantir o preço"
- fazer escolhas que são restringidas por influências internas (ele pode ser pressionado pelo departamento que fez a especificação para comprar de quem oferece treinamento para implantação, e não de quem oferece mais qualidade e melhores condições de preço e pagamento....)

Uma disputa de poder

A diretoria de uma grande corporação multinacional decidiu comprar 55 automóveis zero quilômetro para substituir parte da frota de veículos da área comercial. Os carros novos seriam utilizados pelos vendedores veteranos, os quais participariam do lançamento de um produto inovador com grande potencial de venda. Havia uma data limite para a compra, uma vez que os automóveis seriam entregues na convenção de vendas, quando toda a equipe estaria reunida e o novo produto seria oficialmente apresentado a todos. O departamento de compras recebeu a especificação dos veículos. Então, o diretor de compras fez o primeiro contato com a revenda autorizada da marca escolhida. Depois disso, delegou para um funcionário de sua equipe a condução do processo de compra.

Na compra de lotes de veículos, as concessionárias fazem descontos especiais e oferecem ao comprador o preço de frotista. Quando chegou a proposta de venda, o diretor de compras leu rapidamente o texto e disse para o funcionário que exigisse desconto. Este retomou o contato e conseguiu da concessionária uma pequena melhora no preço. Mas, o diretor de compras, não satisfeito, insistiu em um "preço melhor ainda", "afinal estavam comprando 55 automóveis".

A essa altura, o gerente de vendas da concessionária enviou um comunicado ao diretor de compras dizendo que abdicava da negociação. As constantes exigências por um "preço menor" acabaram por inviabilizar o negócio. O diretor de compras da multinacional, que não esperava por isso, ficou muito irritado. Viu-se em situação vulnerável perante os demais membros da diretoria, sofreu um grande desgaste na organização e colocou sua equipe em situação delicada. Enfim, depois de muito relutar, procurou o gerente da revenda e fechou o negócio pelo preço da segunda proposta, sem regatear mais nada e ainda tendo que se desculpar.

O diretor de compras aprendeu uma dura lição: "no mundo dos negócios não se espreme a laranja até as sementes saltarem". Sua demonstração de poder foi inútil. Ele quis tirar proveito da situação, possivelmente por ter o ego inflado, ou pela posição que ocupava na corporação. Ele deveria saber o que significa "ganhar" numa negociação e lembrar-se de que a outra parte também quer ganhar, e que ninguém quer perder. Em negociação, se uma das partes quer ganhar muito, submetendo a outra, poderá arcar com perdas no aspecto financeiro, no prestígio pessoal, ou no campo do relacionamento e, além disso, provocará repercussões negativas nas futuras negociações, se elas vierem a acontecer.

Capítulo 7

Comunique-se de forma, predominantemente, não competitiva

Negociar é uma atividade essencialmente competitiva. Os negociadores, envolvidos e comprometidos com o resultado, lutam para obter algo e, por receio de perder ou medo de não alcançar êxito, podem ter aumentada sua tendência natural para competir. A competição pode ser saudável enquanto cada parte canaliza esforços para conseguir as melhores condições no negócio. Entretanto, ela se torna indesejável se entram em jogo vaidades pessoais, ou quando uma pessoa, querendo vencer a outra, torna-se inflexível dificultando ou inviabilizando os debates.

O bom negociador nunca encara o oponente como um inimigo. Se, nas competições esportivas um vê o outro como adversário, não como inimigo, em negociação também deve ser assim. Os negociadores são adversários com interesses conflitantes, mas necessitam um do outro para conciliá-los. Portanto, em vez de tentar descobrir a "resposta certa" e depois pressionar o outro lado para aceitá-la, o bom negociador constrói um relacionamento com o outro que favoreça trabalhar juntos pelas soluções que estão buscando.

A negociação não deve ser uma disputa de egos. Se alguém quiser ficar no "centro do palco", provocará desgastes, prejudicará os debates e acarretará danos ao relacionamento. Um bom negociador jamais entra nesse jogo; ele evita que o orgulho e a vaidade do outro inviabilizem a conversação. Portanto, se a outra parte tentar desrespeitá-lo, não admita isso em hipótese alguma. Valendo-se de sua postura, que o coloque acima de qualquer atitude mesquinha da outra parte, imponha respeito sem demonstrar desconsideração pelo interlocutor.

Quando a competição sai do controle, ela passa para o plano pessoal com a preponderância de acusações e agressividade. O que fazer para evitar isso? A questão toda resume-se em responder à pergunta: de que modo resolver as questões práticas do negócio e, ao mesmo tempo, lidar bem com a personalidade do oponente? Abordando esse tema, um negociador experiente sintetizou o segredo do seu sucesso: "Nunca aperto demais o meu oponente, mas não permito que ele me invada; sou firme para resistir às investidas e cartadas do outro e espero o melhor momento para que eu possa me mobilizar. Consigo ótimos resultados depois que descobri como evitar competir no campo pessoal com o oponente: o que devem competir são as ideias, não as pessoas".

O tal negociador complementa: "Eu trabalho com fatos, não com opiniões. Não desconsidero as opiniões do interlocutor, só não entro em confronto com as ideias dele; seus sentimentos e suas opiniões pertencem a ele. Se eu achar um absurdo o que ele falou e tentar sobrepujá-lo, isso não vai mudar o fato de ele se sentir ou opinar de determinada maneira. Discutir a opinião alheia, raramente leva o outro a rever suas atitudes ou questionar seus valores. Todavia, procuro ser compreensivo, tolerante e paciente com as opiniões e os sentimentos do outro; mas compreender não é aprovar. Por essas razões, com respeito, e considerando a dignidade do outro, recuso-me ao debate passional. Mantenho a conversação no plano racional e na lógica dos fatos. É em direção aos fatos que o debate deve ser encaminhado".

Esse profissional recomenda: "Fuja da competição desenfreada. Seja prudente, resguarde-se, negocie sempre com dignidade e faça prevalecer o respeito. Não deixe que a atitude e os argumentos competitivos ou agressivos do oponente provoquem em você o descontrole emocional, mas tenha muito cuidado com quem não tem nada a perder".

Concluímos que a atitude não competitiva do negociador favorece o acordo, desde que se mantenha a independência no trato das condições do negócio. É sempre mais apropriado tratar de "interesses recíprocos" em vez de "discutir pontos de vista". Tratando de interesses recíprocos você lida com algo real. Se, por descuido, entrar na seara dos pontos de vista e opiniões pessoais do oponente e tentar contradizê-lo, poderá embrenhar-se no campo da abstração e dos sentimentos dele, isso tornará mais difícil a conversação.

Quando a competição entre as partes não é reduzida, o confronto dominará o cenário dos debates. Para evitar que isso ocorra, o negociador experiente demonstra ao interlocutor que, diante do conflito de interesses (no objetivo), é a colaboração interpessoal (no relacionamento) que proporcionará o bom acordo. Mas, é bom lembrar que colaborar nunca é uma atitude preexistente na negociação, ela é uma escolha que envolve as duas partes. Se os interlocutores optarem pela comunicação, predominantemente, não competitiva, os objetivos serão mais facilmente atingidos. Essa forma de comunicação promove a boa vontade, reduz disputas verbais e evita a oposição e o enfrentamento. E, é claro, promove a colaboração entre as partes.

Se um oponente insiste no jogo da competição intensa, ele pode pretender, com isso, estimular os instintos mais primitivos do outro negociador para tentar dominá-lo pelo confronto. Ele sabe que diante de um conflito ninguém fica indiferente e espera aproveitar-se disso porque acredita que o jogo duro vence o afável. Se você enfrentar um oponente assim, sem se intimidar, esquive-se das agressões e contorne as manobras de estabelecimento de poder que ele tenta estabelecer. Não permita que atitudes inadequadas prejudiquem ou danifiquem o relacionamento de forma irreversível a ponto de inviabilizar a negociação. Contudo, seja firme na maneira de negociar, mas nunca "durão".

Demonstrando que não está disposto a competir no plano pessoal, você sinaliza para o interlocutor que pretende buscar com ele as saídas para os problemas das duas partes que, mesmo diferentes, merecem uma solução conjunta. Essa atitude de não confrontação determina a natureza dos debates e pode facilitar acordos mais do que qualquer outro fator. A existência de um diálogo franco e aberto é, na maior parte das vezes, a melhor maneira de o negociador fazer o oponente perceber que, juntos, podem encontrar uma solução amigável e justa, e que isso será decorrente da boa vontade recíproca em considerar os problemas em termos objetivos e realistas.

Se o oponente é extremamente competitivo, procure tirá-lo de sua postura defensiva, encorajando-o a ver um resultado positivo como conquistas importantes do processo que estão conduzindo. Demonstre a disposição de ajudá-lo a conseguir o que ele necessita. Faça isso, prestando atenção aos interesses dele e nas necessidades das pessoas que, estando ao seu lado, serão afetadas pela negociação. Essa atitude de boa-vontade fará com que o oponente sinta-se menos ameaçado, torne-se menos ameaçador e passe a contribuir para o acordo, fornecendo, voluntariamente, mais informações, as quais, de outra forma, talvez não o fizesse.

Diante de um oponente que prefere ganhar a discussão, mesmo que perca o negócio, amenize o comportamento competitivo dele, ao invés de enfrentá-lo. Sem abrir mão dos seus próprios interesses, e não dificultando os dele, dialogue de maneira a abrandar a atitude competitiva e o modo de ele ver as questões. Com diplomacia e concordando com ele em alguns pontos, se isso for possível, aos poucos, você diminuirá a necessidade que ele tem de se sobrepor. Dirija seus esforços para recolocar a conversação no foco, fazendo com que ele contribua e trabalhe para a solução do negócio.

Embora muitas pessoas sejam competitivas por natureza e vejam a negociação como uma disputa em que há rivalidade e antagonismo, é possível negociar com elas de maneira que prevaleça a lógica nos debates e não os argumentos emocionais. Lidando com pessoas em quaisquer circunstâncias – especialmente, com as muito competitivas – use sempre palavras e expressões que aproximam. Exemplos: Agradeço por dizer isso; Percebo claramente sua boa disposição para encontrarmos uma solução que seja benéfica para ambos. Palavras amigáveis são mais úteis do que as ameaças ou imposições: elas não nos custam nada dizer, mas sempre favorecem a existência de um diálogo que aproxima.

Negociar por convergência

As negociações podem ocorrer por convergência ou por divergência. Uma negociação transcorre por convergência se prevalece a atenuação de conflitos: se o clima é positivo, o relacionamento é bom e as partes colaboram para encontrar uma solução para os problemas. Quando uma negociação ocorre por divergência, os comportamentos são negativos, as pessoas competem entre si, há hostilidade e desconsideração. Dessa maneira, dificilmente as partes conseguem chegar a um acordo.

Comunique-se de forma, predominantemente, não competitiva

Quem negocia por "divergência", intencionalmente ou não, provoca oposição, discórdia, confronto. Confrontos são decorrentes da intolerância, de mal-entendidos, de posições pessoais rígidas, ou da tentativa de dominação. O enfrentamento que os confrontos provocam, faz com que as partes apeguem-se mais e mais às suas ideias e convicções e, se delas não abrirem mão, passarão ao exagero de desvirtuar a maneira como elas se vêm mutuamente e como encaram o debate. Distorcida a visão da realidade, deturpada pelas interpretações, as discordâncias tornar-se-ão maiores ainda.

Aquele que negocia por "divergência" quer sobrepor-se e ser o dono da verdade. No intuito de fazer a cabeça do outro, danifica o relacionamento e prejudica a negociação: mesmo se ganhar, perderá! E se houver acordo, talvez a outra parte não cumpra o que foi combinado ou não deseje negociar outra vez. Por outro lado, quem negocia por "convergência" busca unir as partes em torno de um entendimento comum do problema. Usa técnicas de comunicação que promovem a aproximação dos interlocutores e que favorecem a aceitação das proposições apresentadas.

Enquanto na negociação por divergência, os interesses dos negociadores são classificados entre "o meu *ou* o seu", nas negociações por convergência os negociadores classificam seus interesses como "o meu *e* o seu". Nas negociações que ocorrem por divergência, o relacionamento é na base do ataque e defesa. Nas negociações por convergência, os dois lados somam esforços em busca de um acordo de ganhos mútuos. Negociando por "convergência", o negociador baseia-se no preceito que deveria balizar todo e qualquer relacionamento: o princípio da comunicação não competitiva.

A comunicação não competitiva evita desentendimentos e não fere suscetibilidades, o que é essencial para diminuir resistências e não gerar ressentimentos: ressentimentos distanciam as partes. Para que elas fiquem juntas e continuem negociando, o diálogo deve promover a conciliação porque a negociação envolve aspectos múltiplos das percepções dos negociadores. Durante as conversações, as pessoas não só fazem negócios, elas vivenciam sensações. Por isso, além da transação comercial propriamente dita, você precisa saber lidar com a subjetividade do oponente, com seus pensamentos e valores, sentimentos e opiniões, anseios e receios, dúvidas e inseguranças. Esses aspectos, subjacentes, apresentam um peso determinante na maneira como uma pessoa posiciona-se no relacionamento, e em como lida com as questões práticas do negócio. Por isso, uma boa pergunta que você deve se fazer é: Quais sensações eu provoco no outro quando negocio?.

Mesmo considerando a importância do método convergente, devemos lembrar que saber discordar é uma habilidade importante do negociador. Muitas vezes é necessário discordar, mas sem confrontação. Não concordar com sutileza, sem competir, evita que ideias diferentes levem as partes a distanciarem-se dos objetivos. Usando os recursos da comunicação não competitiva para garantir um bom envolvimento do oponente no diálogo, você conseguirá demonstrar que quer facilitar o trabalho da outra parte. O interlocutor, percebendo isso, irá sentir-se agradecido. Assim, ao final dos debates, o êxito não se apresentará como uma vitória sua apenas, parecerá uma vitória do outro também.

A melhor maneira de fazer isso é demonstrando para o outro negociador a interdependência das partes. Assim, você transforma o que antes eram "posições opostas" em uma "redefinição do problema", o que contribui para criar uma visão compartilhada da solução. Essa é uma boa forma de conduzir as conversações, conseguir bom relacionamento e envolvimento. Se conseguir isso, você verá que a outra parte assumirá um comprometimento maior com os resultados da negociação e pela implementação do acordo. Quando as partes comprometem-se com os resultados, nenhuma delas poderá usar a desculpa de atribuir culpa ou acusar a outra por qualquer fracasso do empreendimento.

As técnicas da comunicação não competitiva

Em uma conversação, seu oponente pode reagir negativamente se pressentir que a sua fala está em dissonância, ou contra, as crenças e valores dele. Isso o colocaria na defensiva. Para superar essa "prevenção" do interlocutor, você precisa sensibilizar, positivamente, o modo como ele vê a situação. Em vez de contrapor-se às opiniões dele, procure mostrar o caminho que liga as ideias que você apresenta às concepções que ele já possui sobre o assunto.

Em vez de falar "para" a outra pessoa, use a técnica de falar "com" ela. Procure "incluir" – sempre que possível – em vez de "excluir" as ideias dela, ou parte das ideias, na conversação (incluir não é o mesmo que concordar). Outra técnica que funciona é "expor" seus argumentos, em contraposição à tendência natural de "impor" opiniões. Expondo ideias, incluindo os argumentos do outro (ao invés de omiti-los ou excluí-los), trabalhando com hipóteses e sugerindo alternativas, sua comunicação será menos competitiva e você conseguirá harmonizar o relacionamento.

Assim como há harmonia na música, existe uma maneira harmoniosa de lidar com as pessoas na negociação. Usando a comunicação não competitiva, você pode desviar-se da contradição entre "o que eu quero e o que você quer" (forma competitiva – provoca divergência), e fazer com que a outra parte entenda a importância do que "nós queremos" (forma cooperativa - promove convergência). Dessa maneira, sem exercer pressão, passará tranquilidade e levará o outro a perceber que fala para contribuir e não como uma tentativa de sobrepujá-lo. Sua atitude demonstrará que você não pretende convencê-lo, nem tentar mudar as ideias ou reverter as opiniões dele.

A experiência tem demonstrado que são as atitudes não competitivas, mais do que os argumentos, que facilitam o relacionamento e encaminham mais facilmente as partes para o acordo. Uma atitude não competitiva de "falar para informar" gera mais aceitação do que a tendência frequente de "falar para convencer". Falando para informar, você demonstra o desejo de elucidar, acrescentar, esclarecer. Dessa maneira, ao mesmo tempo em que expressa suas ideias, você cria condições para que a comunicação seja "centrada no outro" e fala aquilo que se encaixa no universo de referências do ouvinte.

Sua atitude não competitiva influenciará de maneira intensa o interlocutor. Não discordando frontalmente nem disputando com ele suas "certezas" e "convicções", você se desvencilha da tendência natural de competir, e demonstra que não pretende controlá-lo.

Recapitulando, são quatro as técnicas da comunicação não competitiva:

- falar "com" o outro, não "para" o outro
- "incluir" ao invés de "excluir"
- "expor" ao invés de "impor"
- "falar para informar" ao invés de "falar para convencer"

Falando "com" o outro, "incluindo" suas falas na conversação, "expondo" ideias e argumentos e "falando para informar", você conseguirá gerar maior aceitação para as proposições que fizer. Embora a sutileza esteja apenas na forma de comunicar-se, a interação entre você e o oponente será muito facilitada. Usando as técnicas da comunicação não competitiva, você fará com que o interlocutor fique receptivo e participe mais intensamente dos debates.

Essas técnicas permitem que você não "invada" o oponente. Com elas, você fala de tal maneira como se o ouvinte estivesse dando "permissão" para que você continue argumentando. Fazendo referência às ideias e argumentos apresentados por ele (somente aquelas que contribuam para o bom andamento da conversação), você se desvia mais facilmente das contra-argumentações. Se o que você fala não entra em conflito nem em desacordo com o que ele já pensa sobre o assunto, suas ideias irão parecer mais com as ideias dele do que com as suas. Dessa maneira, ficará claro para ele que não são os seus argumentos que o convencem e, sim, as idéias de ambos que, combinadas, rumam em direção a um acordo de interesses mútuos.

Propondo alternativas em vez de fazer afirmações incisivas, você pode criar um diálogo sem conflitos. Portanto, use de diplomacia e demonstre a sua capacidade de "conviver com a verdade". Conduza os debates com foco no interlocutor e você terá força moral e credibilidade para continuar negociando mesmo diante de situações difíceis ou de impasses se surgirem. Quando faz uso da comunicação não competitiva, conseguindo que a persuasão ocorra pelo envolvimento do oponente no diálogo, você torna evidente para ele que as escolhas feitas por ambos terão o efeito esperado, serão sólidas e duradouras. Essa é uma maneira de construir uma ponte para "unir o abismo" que antes os separavam. A arte está em fazer isso – é claro – com sutileza, dignidade e respeito, de tal forma que não seja, nem pareça ser, manipulação.

Em síntese, a qualidade do relacionamento com o oponente depende do bom uso das técnicas da comunicação não competitiva: escutar ativamente, perguntar mais, demonstrar empatia (quando conveniente), falar incluindo parte das ideias do outro na conversação, não contradizer, frontalmente, o interlocutor e, sempre que possível, trabalhar *com* (e não contra) as idéias e opiniões dele. Por isso, é conveniente usar mais vezes o conceito de "nós": em vez de dizer "eu e você", diga "nós" (use "eu" quando precisar enfatizar sua posição).

Para usar a comunicação não competitiva:

- Negociar por "convergência"
- Falar "com" o outro, não "para" o outro
- "Expor", ao invés de "impor" ideias e opiniões
- Ser firme com o problema e amável com a pessoa
- Harmonizar o relacionamento usando a diplomacia
- "Falar para informar" ao invés de "falar para convencer"
- "Incluir", ao invés de "excluir" as ideias do outro (se possível)
- Tratar de "interesses recíprocos", não de "pontos de vista pessoais"
- Manter a "disputa" nas condições do negócio, não no campo pessoal
- Comunicar sempre em termos de "nós" e não nos termos de "eu" e "você"

Capítulo 8

Mantenha a ênfase no negócio, mas não descuide do relacionamento

Diga "nós" e comece a criar uma atmosfera positiva

A palavra mais falada da língua inglesa é *I* (eu); em segundo, terceiro e quarto lugares estão os pronomes possessivos *me, my, mine*. *You* (você) sequer aparece entre as vinte primeiras palavras mais utilizadas na língua. Esse exemplo, resultado de uma pesquisa apresentada por Al Ries e Jack Trout, no livro *Horse Sense*[16], demonstra que as pessoas, em sua maioria, são egocêntricas e pouco empáticas. O fato de falarem na "primeira pessoa" é revelador: elas estão focadas em si mesmas, quando deveriam, para se

---

16 Ries, Al & Trout, Jack. *Horse Sense*. Tradução de Antonio Carlos Rodrigues Serrano São Paulo: Ed. Makron, 1.991, p. 10.

comunicar melhor, tornarem-se mais voltadas para os outros. Isso é visível na negociação, especialmente quando o oponente só pensa no que quer obter e não sabe conciliar os seus com os objetivos da outra parte.

Iniciar as frases e colocações usando o pronome "Eu" pode colocar o outro negociador em posição de defesa. Se você optar por usar o pronome "nós", falando na primeira pessoa do plural, facilitará o relacionamento. O pronome nós "inclui" e demonstra aceitação pela outra pessoa. Ao dizer "nós podemos", ao invés de "eu posso", você deixará clara sua intenção de conseguir os resultados com a participação do outro negociador. Falando "nós" em lugar de dizer "eu", você enfatiza a importância da equidade na negociação. Ao dizer "vamos pensar juntos no que nós temos que fazer..." em vez de falar "o que tem que ser feito é...", você demonstra para o oponente que o resultado que estão buscando depende da boa vontade de ambos.

O desejo mais intenso do ser humano é o de ser aceito

Os seres humanos são impelidos pela necessidade de aceitação e de afeição: todos desejam reconhecimento. Sobre esse desejo, o pensador William James (1842-1910) afirmou: "O mais profundo princípio da natureza humana é a ânsia de ser apreciado"[17]. Estudiosos do comportamento humano afirmam que cada indivíduo está interessado em si mesmo mais do que em qualquer outra coisa deste mundo. As pessoas sentem-se deprimidas com a ideia de não ser apreciadas.

Elas desejam respeito, reconhecimento, ganhar aprovação e preservar sua autoestima. Por isso, chame o oponente pelo nome e demonstre apreço. Lembre-se de que a qualidade do relacionamento começa no aperto de mão, quando as partes se encontram para as conversações.

As pessoas têm motivações que afetam a maneira como se sentem durante os debates. Perceba o momento do interlocutor para entender as suas principais motivações. Fique atento se o oponente está motivado para: *Evitar riscos. Preservar sua autoestima. Ganhar experiência. Aproveitar oportunidades. Evitar problemas no futuro.* Ele pode estar motivado para demonstrar honestidade, conquistar respeitabilidade, mostrar que seu trabalho possui significado e

---

17 * http://www.frasesefrases.org/frases-de-william-james/ - Consulta em 10/10/2.012

importância, ou querer realizar-se profissionalmente. Pode, também, desejar uma promoção e ser percebido como eficaz para criar reputação de bom negociador. Por essas razões, é importante identificar o que o motiva além do próprio negócio para estabelecer uma interação positiva com ele.

Como desarmar o oponente tipo "pessoa difícil"

A negociação é uma atividade na qual as pessoas lutam por algo que lhes interessa, enquanto se relacionam sob condição de pressão. Nela, as dificuldades aparecem tanto na "substância" (o negócio em si) quanto nas "relações" (relacionamento). Essas dificuldades estão relacionadas a três fatores: "interesse", "poder" e "conflito". Por isso, a dinâmica dos debates faz com que cada negociador "defenda seus interesses", procure "aumentar seu poder" de negociar e, se pressentir, "tente evitar conflitos" para que eles não dificultem a conquista dos objetivos. Mas, você poderá encontrar um negociador difícil e terá que enfrentá-lo sem se indispor com ele.

Para lidar com um oponente tipo pessoa difícil e intransigente, é necessário usar o recurso de "desarmar" a outra pessoa. Em princípio, o que você deve fazer é controlar o seu próprio comportamento: não reagir, e demonstrar que está pensando naquilo que ouviu. Melhor não dizer nada. Não contra-atacar nem resistir – fazer silêncio. Não olhar diretamente para o interlocutor nesse momento e, dominando a tendência natural "de responder no mesmo tom", continuar refletindo sobre o que escutou e não dizer "aquelas verdades que ele merece ouvir". Se a pessoa esperava pelo contra-ataque, acaba sendo surpreendida pela sua não reação e desarmada pelo "apoio" que está recebendo.

Diante de uma pessoa difícil, não procure removê-la de sua posição de intransigência, nem tente mudá-la, porque não vai adiantar. Minimize o peso da atitude agressiva, retomando as questões práticas do negócio. Não encare as afirmações e opiniões dela como algo que possa agredi-lo pessoalmente. Não diga que ela está errada, enganada, mal-informada: isso pode ferir seu amor-próprio. Se enfrentar momentos delicados com ela, aja como um *gentleman*, demonstrando cortesia. Reaja de maneira sutil em relação às condições do negócio.

Mesmo diante de colocações invasivas ou indiscretas, raciocine e use a "autoridade dos argumentos". Lembre-se de que, se não houver confronto, alguns comportamentos indesejáveis do oponente podem perder força no transcorrer da conversação. Entretanto, você precisa identificar o "por quê" da resistência e descobrir o que está criando obstáculos para o debate. Se identificar a questão-chave, talvez possa superá-la.

Contradizer a outra pessoa ou fazer afirmações que contrariem suas opiniões pode aumentar a resistência dela, mas perguntas podem ajudar. Perguntas apresentam um caráter de abertura ao diálogo, demonstram o desejo de entender e a intenção de esclarecer. Mesmo não concordando com a opinião do oponente, use perguntas para redirecionar o debate e encontrar novos caminhos, tais como: *E se nós fizéssemos tal coisa? Que tal se...? Que tal se, ao invés disso, fizéssemos aquilo?* "O que você sugere na hipótese de....?" (cuidado com essa pergunta!).

O que é "decorrência" de um comportamento (efeito), pode ser a "causa" geradora de outro comportamento em um processo contínuo de influência recíproca. Portanto, mesmo que possa ganhar a discussão, você não deve discutir. Mas, se for alvo de maus-tratos reaja com firmeza, educada e vigorosamente em sua defesa. A esse respeito o sociólogo Edgar Morin[18] aconselhou: "A tolerância vale, com certeza, para as ideias, não para os insultos e agressões".

Diante de pessoas difíceis, procure por em prática o conselho dos psicanalistas experientes: "mantenha uma distância educada". A ideia desse conceito é que o negociador "controla" o comportamento do oponente por meio do próprio comportamento ("se o meu comportamento não é competitivo, eu não alimento a competição que o outro deseja estabelecer – se não reajo à agressão, ela tende a se dissipar"). Sempre há uma relação de causa e efeito nas relações. Comportamentos são estímulos que geram reações comportamentais: entusiasmo gera entusiasmo, apatia tende a gerar apatia, agressividade, geralmente, gera agressividade e serenidade gera serenidade.

Diante de uma pessoa difícil, ou que se faz de difícil, sua melhor atitude como negociador é criar uma "atmosfera de solução". Transforme as ideias frente a frente (que a outra pessoa pretende) em soluções lado a lado (que você propõe). Nunca tente levar o oponente a se render. Qualquer que seja a razão da resistência dele, não é conveniente pressioná-lo, isso o levaria a investir mais esforço na luta. Com uma pessoa difícil, "a melhor forma de ganhar a discussão é não entrar nela".

---

18 Morin, Edgar. *Os sete saberes necessários à educação do futuro*. Tradução Catarina Eleonora da Silva e Jeanne Sawaya. São Paulo: Cortez Editora: 2.001, p.102

Impasses

Cuidado com as ciladas ou armadilhas! O outro negociador pode tentar culpá-lo, tirá-lo do sério, deturpar informações ou mesmo usar o que você disse para corromper, intencionalmente, o debate. Em todas essas situações, a intenção do oponente é desconsiderar os fatos até deixá-lo furioso. Em qualquer dessas alternativas, você somente se sairá bem se estiver vigilante, demonstrar que não dá muita importância às acusações e devaneios ou à falta de nexo no que ele diz. A melhor defesa é recusar-se a enfurecer-se. É preciso que o interlocutor perceba que você não lhe dará o prazer de perder o autocontrole. Em seguida volte, com calma e firmeza, ao ponto central do debate.

Mesmo com muito tato e lidando da melhor maneira com o oponente, você pode deparar-se com uma situação de impasse. O impasse assemelha-se a uma "rua sem saída", onde a divergência é grande, a ponto de não ser possível dar sequência à negociação, a não ser que haja uma mudança significativa na atitude dos envolvidos. Impasses podem ocorrer pelas condições do negócio, por mal-entendidos, ou até por provocação intencional do oponente. A "rua sem saída" não é conveniente para ninguém, porque ambos os negociadores querem negociar e desejam chegar a um acordo. O impasse leva à frustração, ao ponto de um negociador preferir um acordo ruim à manutenção do impasse que não leva a nenhuma solução.

Diante de um impasse, é conveniente deixar que o outro tome a iniciativa de resolvê-lo. É sempre melhor jogar com o tempo e esperar, talvez o outro não consiga manter-se calado diante do silêncio e comece a falar. Mas você pode também explorar a causa do problema ou tentar desviar a conversa para outro aspecto do debate. Pode ser que uma pequena concessão abra a porta para a conciliação, então ambos irão sentir-se aliviados. Em casos mais graves, você pode utilizar o recurso de consultar outras pessoas, trazer um mediador, solicitar tempo, renegociar o objeto do impasse. Mas, em hipótese alguma, submeta-se a exigências e pressões descabidas.

Um impasse pode ter seu lado positivo e até favorecer a busca por novas alternativas, desde que as partes empenhem-se em criar as condições necessárias para reabrir a discussão, com vistas a viabilizar o negócio. Se isso ocorrer, ambos os negociadores ficarão mais comprometidos com o processo e com os resultados do acordo.

Ideias para sair de impasses:

- Manter o clima positivo
- Mostrar outras alternativas
- Demonstrar que está escutando
- Enfatizar o que já foi combinado
- Não responder às agressividades
- Mudar a proposta – flexibilizar nos valores e prazos
- Inverter opções (uma opção não é um compromisso)
- Usar o humor (somente aqueles que são, naturalmente, bem-humorados)
- Deixar para "mais tarde" a discussão do objeto do impasse
- Propor uma alteração na composição do grupo de negociadores
- Mudar a ênfase, procurar tornar a conversação mais cooperativa
- Mudar as condições do negócio (prazos de início e término do contrato)
- Perguntar ao outro o que faria em seu lugar (usar esse recurso, somente diante de questões que não envolvam dinheiro ou responsabilidades que representem riscos)
- Trazer para a negociação "valores" que ainda não estavam na mesa (por exemplo: fazer referência à longevidade do relacionamento entre as partes)
- Adiar a negociação (somente em casos extremos!)

Capítulo 9

Faça planejamento e obtenha o resultado

Sabendo o que quer conquistar, o negociador deve descobrir como consegui-lo. Para tanto, é necessário planejar. Planejar é antever o resultado desejado e preparar-se para alcançar o objetivo. O planejamento não é uma decisão antecipada do que vai acontecer, é uma previsão. Ele ajuda a visualizar possibilidades e prepara o negociador para explorar as informações que surgirão à mesa, tornando mais fácil a superação das dificuldades que vierem a ocorrer. Os pilotos de aeronaves dizem que "boas aterrissagens são resultado de boas aproximações". Na negociação é assim também: o resultado eficaz é decorrente de um bom planejamento. Contudo, sempre há uma dose de imponderável mesmo que o plano seja bem feito.

No planejamento, o negociador estabelece seus objetivos e identifica prioridades - Os objetivos devem ser elevados: quem pensa pequeno acaba por obter resultados não satisfatórios. Com objetivos grandiosos, é bem provável que alcance resultados excelentes. Planejando, descobre-se o que pode intervir no processo, e identificam-se os meios de "capitalizar" as oportunidades. Prevê-se a natureza dos problemas que poderão surgir, imaginam-se as objeções que a outra parte colocará e preparam-se respostas para elas. Identificam-se necessidades, interesses, problemas, desejos, paixões, e até os temores do oponente. Depois, é só preparar a sua estratégia, pensando no que as partes querem que aconteça e no que querem evitar, tendo sempre em vista alternativas que contemplem soluções viáveis.

Definido o objetivo, as informações tornam-se a base de todo o processo de planejamento. Mas, a outra parte também tem seus objetivos. Por isso, é necessário identificá-los antes da reunião: saber o que ela quer, porque quer e como pretende obter o que deseja. Se isso não for possível, o negociador deve presumir as pretensões da outra parte considerando: o tipo de negociação (o que está em jogo), as circunstâncias que a envolvem, o perfil do oponente, os fatores intervenientes e o peso disso tudo nos debates. É conveniente também imaginar como o oponente irá gerar poder para o lado dele e visualizar possíveis lances, ações e reações do outro.

Quem planeja não cria expectativas irreais e evita suposições que poderiam revelar-se infundadas. Em vez disso, faz um mapeamento das diversas hipóteses e alternativas de acordo, para que possa optar por uma delas e viabilizá-la à mesa. Ao reunir informações e planejar, o negociador deve descobrir quem mais, além do principal negociador, poderá participar da reunião e com qual propósito estará presente. Em certos casos, algumas pessoas podem estar ausentes da reunião; a outra parte pode preferir conduzi-la sem a presença visível de sua equipe; mesmo assim, elas podem exercer influência.

É necessário considerar que negociação não é um evento, é um processo. Evento é um acontecimento, um processo ocorre em uma sequência de etapas, possui continuidade e gera desdobramentos. O processo de negociar envolve o passado (o histórico das relações), o presente (o planejamento e as reuniões) e o futuro (implementação do acordo e controle dos resultados). Considerando isso, três perguntas são fundamentais e devem ser respondidas quando você for planejar uma negociação:

- Qual é a situação? - **realidade atual**
- O que eu quero conquistar? - **objetivo**
- Como vou conseguir? - **estratégia**

Ao planejar, procure entender as razões da outra parte e descubra como ela costuma "jogar" o jogo da negociação. Investigue o oponente e vislumbre como as pessoas do lado dele serão afetadas pela negociação. Imagine como será a receptividade delas para as novidades e mudanças que decorrerão do acordo. Acordos geram mudanças que podem agradar e desgostar pessoas. Por isso, pense em quem será beneficiado e em quem poderá perder algo se o acordo for concluído, ou seja, quem se tranquilizará e quem será incomodado com as mudanças que virão.

Você precisa pensar no que fará para preparar o terreno e conquistar o apoio das pessoas que tomam a decisão final. Identifique quem pode influenciar positivamente o processo de decisão e se existe alguém que pode tentar bloqueá-lo ou que deseje frustrá-lo. Para fortalecer a opinião daqueles que decidem, pode ser necessário encontrar na outra organização alguém que acredite na ideia, que compreenda a proposta e dela se beneficie. Depois disso, descubra como essa pessoa poderá influenciar positivamente a negociação, aumentando a motivação dos que desejam o negócio e neutralizando a opinião dos temerosos.

Identificada essa pessoa, procure subsidiá-la com informações que a ajudem a conquistar o apoio das pessoas que estejam resistentes em relação ao projeto. Ajude-a a neutralizar ou minimizar as tentativas daquelas que desejam desvirtuar informações sobre circunstâncias que envolvem a negociação. Faça isso com o objetivo de moldar opiniões contrárias e para evitar que circunstâncias desfavoráveis travem o processo. É imprescindível criar condições para que aqueles que concordam com o projeto contribuam e ajudem a construir um "estágio favorável" para a aprovação do negócio.

Para utilizar a força dos que "aprovam" e minimizar a influência negativa dos resistentes que "desaprovam" a negociação, não basta que sejam consideradas apenas as variáveis econômicas: preço, custo, garantias, serviços, entrega, crédito, relacionamento, interatividade, facilidade do processo decisório, controles, qualidade e segurança. É necessário considerar também as variáveis subjetivas e os aspectos socioemocionais e afetivos das pessoas envolvidas (opiniões, sentimentos, resistências, conservadorismos, comodismos, medos, receios, apegos, apatia, indiferença, entusiasmo).

No planejamento, procure listar todas as possibilidades e alternativas que prevê para o acordo. Se achar que não possui todas as alternativas, você ainda não está pronto para começar a negociar. Imagine, também, os obstáculos e as armadilhas que possam surgir durante os debates e prepare-se para superá-las. Pense no que será necessário fazer antes do encontro com a outra parte: quem deve convidar, quais profissionais de nível técnico deverão estar presentes na reunião (na inicial e nas subsequentes), quais documentos devem ser encaminhados previamente para o conhecimento e análise dos participantes, quais recursos utilizar e com quem deve comunicar-se antes da reunião.

Planejar pode não ser suficiente. Uma reunião com profissionais de outros departamentos de sua organização pode ajudá-lo a obter consenso sobre todos os aspectos referentes ao que está em negociação: prazos, condições, qualidade, serviços, atendimento, assistência técnica, configuração do produto e do serviço, antecipação de compras de matéria-prima e insumos, administração dos contratos, assessoria jurídica, serviços de transporte e logística, interatividade, relacionamento etc. Com essa troca de ideias, você "socializa" informações, recebe sugestões e define "quem fará o quê" depois de fechado o negócio. Essas providências aumentam o comprometimento dos envolvidos e favorece o cumprimento do acordo.

Para atingir os resultados almejados, o planejamento requer um plano de ação, ou seja, é preciso elaborá-lo, ou seja, colocar no papel. O plano é fundamental. Serve para aumentar a motivação da equipe e cria um padrão referencial do que deve e pode ser negociado. Nele, deve ser contemplado o ponto mais importante da negociação: a necessidade de "compatibilizar os objetivos das partes". O plano norteia as ações do negociador, ajuda que ele se prepare para as conversações, permite que reúna os recursos necessários e canaliza seus esforços para agir de maneira estratégica à mesa.

Check list para o planejamento da negociação:

- Com quem vou negociar?
- Quais são os meus objetivos?
- Qual a relação de poder das partes?
- Quais são os objetivos da outra parte?
- Quais são os benefícios? – Existem perdas?

- Quais são os riscos? – (considerar os riscos de baixa probabilidade de ocorrência, mas que possam provocar grandes danos)
- Quais são as variáveis intervenientes?
- Qual é o limite de autoridade das partes?
- Quais são nossos pontos fortes e fracos?
- Quais informações são necessárias? - Para quando?
- Quais são os dados de custo?
- Quem ou o quê pode ajudar?
- Quais alternativas de solução a outra parte pode apresentar?
- As suposições podem ser verificadas?
- Qual, entre as minhas alternativas de solução, é a mais razoável?
- Quais são as preocupações no curto, médio e longo prazos?
- Quais departamentos/setores devem ser envolvidos?
- Quais dados existem sobre negociações anteriores?
- Quem pode ajudar na aproximação/abordagem?
- Quais são as objeções previsíveis? - Como superá-las?
- Quais concessões pedir? - Como elas podem ser feitas?
- Quais concessões a outra parte pode solicitar?
- Como poderei barganhar as concessões solicitadas?
- Quais são as melhores alternativas para o acordo?
- Como compatibilizar os objetivos das partes?
- Quais recursos deverei preparar para a reunião?
- O que fazer diante de uma proposta de acordo não aceitável?
- Qual será o cenário da reunião (quem vai participar, onde e quando?)

- Como poderei "capitalizar" a relação custo-benefício? – (em vendas)
- Como poderei "capitalizar" a relação despesas/custo/risco? – (em compras)
- Qual a duração da reunião? - Estão previstos intervalos?

Pesquisar a outra parte

"Saber alguma coisa sobre seu cliente é mais importante do que saber tudo sobre seu produto". Esta frase, do consultor de vendas Harvey Mackay[19], faz-nos pensar na importância de conhecer a outra parte com quem se vai negociar. Para pesquisar o oponente, você deve valer-se destas perguntas: com quem vou conversar?; ele é um interlocutor habitual ou desconhecido?; é ético nos relacionamentos e nos negócios?; o que ele pode pretender e o que pode querer evitar que aconteça?; como poderei gerar confiança?; quais argumentos serão mais convincentes?; como demonstrar apreço sem aparentar adulação nem submissão?; como conduzir a conversação se o interlocutor for do tipo que acredita sempre ter razão?

Essas perguntas, se feitas antes da reunião, contribuirão para que você conheça o oponente e imagine como ele poderá atuar. Contudo, é necessário considerar que você só terá uma visão mais completa do comportamento do interlocutor, quando estiver frente a frente com ele. E, mesmo se for negociar com alguém que já conhece, ele pode, intencionalmente ou não, mudar de atitude e comportamentos e forçá-lo a enfrentar situações inusitadas.

Perguntas importantes:

- Que tipo de problema a outra parte quer resolver?
- Quais são seus interesses, necessidades e expectativas?
- Quais são seus planos relevantes para o futuro?
- Já houve um acordo anterior? Por quanto tempo?

---

19 (5) MacKay, Harvey. *Como nadar com os tubarões sem ser comido vivo*. São Paulo: Ed. Best Seller, 1.989, p. 34.

- Qual é a "política organizacional de decisão" da outra empresa?
- Conheço o suficiente os hábitos e o perfil do(s) outro(s) negociador(es)?
- Quais os limites de autoridade das pessoas com as quais estarei reunido?
- Qual é o histórico das relações? Quem participou das reuniões anteriores?

O *script* financeiro:

Para contemplar os aspectos financeiros do planejamento você deve criar uma planilha para servir como "memorial de cálculo" na reunião. A planilha deve contemplar três patamares: o valor máximo que deseja obter, o valor médio e o mínimo (utilizar quando não houver outra alternativa). Proceda assim, se você estiver vendendo; mas, se estiver comprando, inverta essas posições da planilha.

Para um vendedor, o valor máximo representa o "desejável" (ganhar muito); o valor médio é o "objetivo" (boa margem de lucro) e o valor mínimo, sua "linha de recuo", o menor valor aceitável para não perder o negócio. Para um comprador, o raciocínio é invertido; ele começa oferecendo o mínimo, depois movimenta-se para um valor médio e, se não tiver outra forma de efetivar o negócio e precisar comprar, pagará o valor máximo que estabeleceu na planilha.

Se estiver vendendo, peça mais e vá barganhando concessões no preço e nas condições com algo como, por exemplo, uma compra maior. Reduza ou amplie o escalonamento de entrega em troca de um valor maior da primeira parcela ou antecipação do recebimento. Se estiver comprando ofereça menos, acene com novas compras no futuro, faça exigências quanto às condições de entrega e de logística, demonstre que "pode optar por outro fornecedor", caso as suas necessidades e expectativas não sejam plenamente atendidas. Diante das ofertas e contraofertas, é com o seu *script* financeiro em mente que você poderá mobilizar-se com segurança – solicitando mais e oferecendo menos – mantendo sempre o equilíbrio das concessões que dá com as que recebe, sem se desviar do objetivo.

Ao criar a planilha, utilize estas quatro perguntas:

- Qual o máximo que posso conseguir?
- Qual o mínimo que estou disposto a aceitar?
- Qual o máximo que posso conceder?
- Qual o mínimo que posso oferecer em troca?

Outras perguntas podem ajudar: quais são os investimentos de tempo e dinheiro que terei de fazer?; qual oportunidade poderei aproveitar?; quais são os maiores riscos?; qual será o comportamento das pessoas depois do acordo?; existe alguma incerteza com as informações que possuo?; como otimizar ao máximo o esforço da minha equipe?; o negócio é rentável?; haverá, em decorrência deste, um novo negócio? haverá continuidade no relacionamento?; se eu fizer esse negócio dessa maneira, estarei perdendo algum outro?

A planilha leva o negociador a pensar estrategicamente porque os valores financeiros contemplam outros aspectos, tais como: condições específicas de adequações da proposta, volumes, quantidades (escalonamento de produção e/ou de entrega), serviços agregados, prazos, *delivery* (ou recebimento), continuidade de compra (ou de fornecimento), valor total da transação, prazos, garantias, atendimentos e assessoria *on-line*, condições de pagamento ou recebimento. Liste as concessões que devem ser solicitadas e as concessões que poderá oferecer em troca. Correlacione as concessões que pode dar com as que quer receber, em ordem de importância (usar as diretrizes estabelecidas pela empresa).

Planejar não é o único recurso para negociar bem, mas é fundamental. "Se eu tiver 12 horas para cortar uma árvore, passarei 11 delas afiando meu machado!"[20]. Essa afirmação, que pode soar aos negociadores de hoje como um conselho, foi proferida pelo estadista Abraham Lincoln (1809-1865). Com autoridade intelectual, ele destacou a importância do planejamento. Lincoln era lenhador, formou-se advogado e tornou-se o décimo sexto presidente dos Estados Unidos.

---

20 * http://pensador.uol.com.br/frases_de_abraham_lincoln/5/ - Consulta em 03/03/2.012

Para assumir a negociação:

- Estou suficientemente preparado?
- Posso conduzir sozinho a negociação?
- Levantei todas as informações necessárias?
- Falei com as pessoas certas?
- Tenho um plano de contingência?
- Tenho todos os recursos necessários disponíveis?
- Vou me reunir com as pessoas que decidem?
- Quem pode ajudar? - Quem ou o que pode atrapalhar?
- Tenho o *status* profissional para representar minha organização?
- Tenho habilidades necessárias para usar a metodologia e as técnicas e enfrentar essa negociação?
- Devo fazer uma simulação? Quem fará o papel do oponente?

O valor do planejamento

O bom negociador não confia demasiadamente em seu "jogo de cintura"; por isso não improvisa, planeja. Planejar ajuda-o a descobrir o que é relevante. Embora o que planeja nem sempre seja o que acontecerá à mesa, o planejamento favorece o raciocínio estratégico e a tomada de decisões. Contribui para que o negociador tenha uma visão do contexto e do cenário que vai encontrar; isso reduz o grau de ansiedade e aumenta a sua segurança nos debates.

No planejamento, o negociador pode imaginar o andamento da negociação. Enquanto planeja, imagina como aplicar na prática algumas das técnicas e táticas preparadas no escritório e pensa em como deverá posicionar-se nas conversações. O planejamento é útil para que os superiores hierárquicos do negociador saibam sobre o seu comprometimento com os resultados. O planejamento também fará com que o oponente respeite o negociador ao perceber o seu profissionalismo.

Um profissional de negociação em compras confidenciou durante um treinamento que, para cada hora de negociação com o vendedor, ele passa em média quatro horas planejando. Esse tempo, que para muitos parece exagerado, segundo ele é o que lhe dá segurança para ter o domínio da reunião. Os negociadores que não utilizam tanto tempo na etapa do planejamento, muito devem aprender com os profissionais que planejam mais. Quem se prepara cuidadosamente sabe que é, nessa fase, que se alicerçam todas as demais fases da negociação.

Capítulo 10

Dê um passo de cada vez...

A reunião

A reunião precisa ser objetiva (não rápida) e deve servir para diagnosticar o problema, debatê-lo e buscar soluções. No início, cada parte não consegue prever como será a atuação da outra, por isso, elas podem mostrar-se, extremamente cautelosas e desconfiadas. Para conduzir bem a reunião, nunca comece abordando algo que possa criar resistência. Se existirem pontos delicados e que possam gerar atitudes defensivas, você deve deixar para o final quando muito já se construiu em torno do objetivo.

É curioso notar que quando um negociador entra fraco ou despreparado na primeira reunião, será para ele muito mais difícil restabelecer o poder nos próximos encontros – quem entra inseguro em uma negociação e com medo de ser derrotado, muito provavelmente será derrotado. Por outro lado, o negociador que inicia bem, que demonstra assertividade e segurança, causará boa impressão e manterá a capacidade de sustentar os debates com boa dose de liderança. Terá melhor condição de superar as dificuldades que surgirem e será capaz de raciocinar com clareza, mesmo diante das pressões e exigências do oponente.

Uma reunião de negociação é um processo de influências recíprocas. Quem toma a iniciativa logo no começo da reunião, geralmente, consegue maior controle da situação. Se iniciar com uma proposta condicional, você poderá determinar o andamento dos debates e o ritmo da conversação (isso é uma tendência, não uma regra). Começando com uma proposta que permita boa margem de manobra, você poderá perceber a reação do oponente. E, se receber uma contraproposta conveniente, comece a utilizar o "jogo das concessões", condicionando a contraproposta que recebeu à proposição que fez antes, combinada com outras concessões que queira solicitar ou possa fazer.

Inicie ouvindo. Teste uma alternativa. Nunca seja previsível. Faça perguntas. Analise o que oponente fala e como ele fala, fique atento não só ao "conteúdo", mas, principalmente, à "forma" como ele se expressa. Procure descobrir as razões e intenções dele pela ênfase que ele dá às colocações que faz. Interprete sua gesticulação e identifique "os porquês" de suas afirmações. Procure ver como ele reage aos argumentos que você usa e identifique os pontos que facilitarão o acordo. Mantendo sua atenção concentrada no debate, fale com propriedade e apresente argumentos que deem sustentação à conversa e aumentem a motivação dele.

Para conseguir mais informações, além da sua capacidade de observação e percepção, conta muito a habilidade para entrevistar o oponente e escutar atentamente as respostas. Procure correlacionar as informações que possui com as novas que surgirem à mesa. Diante da descoberta de novas informações, interprete-as e analise tudo, combinando e recombinando o que está ouvindo com o que já sabia, fazendo analogias, averiguando a veracidade, examinando a adequação ao caso específico e projetando esse "conjunto de informações" no futuro. Guarde o máximo possível das informações para usá-las no momento mais conveniente, só assim tirará o melhor delas. Todavia, da mesma forma que você quer preservar informações importantes, o oponente também fará o possível para não divulgar as que possui.

Durante as conversações novas necessidades poderão surgir. As partes podem ter suas expectativas aumentadas. Isso vai depender de como elas se sentem durante os debates, se ficam mais dispostas a assumir riscos ou se passam a querer evitá-los a qualquer custo. Qualquer que seja a circunstância, você deve manter seu objetivo elevado e trabalhar para atender as suas próprias expectativas, tendo em mente que são elas que afetarão os resultados. Mantenha suas expectativas elevadas e lembre-se de que a mente humana trabalha em função de referenciais estabelecidos: "Se eu quero mais conseguirei mais; se acredito no preço, no produto, na minha proposta de negócio, vou lutar para defendê-los".

A conversação cria sensações e desencadeia sentimentos. Sentimentos provocam reações nos interlocutores. Reação gera reação (causa – efeito). Sobre sentimentos e reações, um negociador experiente afirmou: "Embora existam argumentos que eu não gosto de ouvir e atitudes que não aprecio, procuro lembrar que muitas das reações do oponente dependem do que falo e de como administro meus próprios comportamentos. Se me deixar levar pela impulsividade, permitirei que minhas emoções e sentimentos sobrepujem a lógica e provoquem uma reação negativa do outro; isso me enfraquece. Mas, se controlo minhas reações emocionais, se sou paciente e faço uso de argumentos lógicos, sem confrontação direta com o outro, eu me fortaleço".

Na reunião podem surgir objeções sequer imaginadas por você, obstáculos podem ser criados pela outra parte. O oponente pode não ser claro, intencionalmente, ou fazer colocações obscuras. Se isso acorrer, você terá que conviver, por algum tempo, com as ambiguidades e incertezas, até entender o que ele pretende ou o que está tentando dissimular. Se o oponente disfarça suas verdadeiras intenções ou demonstra antagonismo, use de criatividade para encontrar o meio mais adequado de transformar o que é "contrário" em algo conciliável. Com ponderação e sensatez, descubra a raiz dos problemas e aborde as questões, usando argumentos alicerçados na lógica e claros para o interlocutor.

Se o oponente discordar com veemência, procure recontextualizar a ideia dele por meio de argumentos que provoquem um novo encadeamento do debate em direção aos objetivos do negócio. Para tanto, redirecione o rumo da argumentação, reduzindo o peso do argumento contrário. Assim, você colocará em outro contexto a afirmação inconveniente com outro enfoque, apresentando a ideia de outra maneira, e fazendo uma reintegração criativa das variáveis da proposta, ou de parte dela.

Para evitar esse tipo de discordância, veja o seguinte exemplo: Um profissional de negócios, vendedor experiente no ramo de alimentos para atacadistas e varejistas, declarou não ter grandes dificuldades para conduzir reuniões de negociação com seus clientes. Mas o que, efetivamente, ele fazia para negociar com segurança e desenvoltura? Além de ótima postura, de muita experiência no ramo alimentício e do grande conhecimento das técnicas de negociação, ele levava o comprador a se posicionar. Logo no início da conversa, fazia com que o outro declarasse o que tinha em mente, perguntando: "Qual é o seu objetivo nessa negociação?".

Com essa pergunta, o vendedor estabelece um equilíbrio de poder com o comprador. Quando o comprador respondia que seu objetivo era "ganhar dinheiro", ele, o vendedor, imediatamente completava: "O meu também!". Assim, por meio de uma única pergunta e da resposta que obtinha, o vendedor conseguia uma declaração do comprador, declaração essa que expressava o objetivo dele e demonstrava o seu posicionamento na negociação. Ao responder dizendo "o meu também!", o vendedor deixava claro para o cliente que seus objetivos eram idênticos. Dessa maneira, começava a reunião com a vantagem de ter tido a iniciativa de buscar equidade com o comprador, desde o início da negociação.

Como ambos haviam se posicionado, suas proposições, durante os debates, deveriam contemplar os objetivos declarados – quando os negociadores colocam na mesa o que querem, um sabe o que esperar do outro. Depois, se o vendedor achar necessário, ele pode dizer: "Já que nossos objetivos são idênticos, então vamos acertar os detalhes". Se no decorrer das conversações, o comprador elevar o nível de exigências, o vendedor, resgatando o "pacto inicial" que fizeram, pode demonstrar ao cliente a importância das concessões mútuas, afirmando, por exemplo: "O acordo que nós queremos, para gerar o lucro que desejamos, deve ser justo e equitativo".

Tudo, absolutamente tudo, o que se faz (às vezes, até o que se deixa de fazer) na reunião tem repercussões. As falas aparentemente "descompromissadas" podem ser retomadas pelo oponente e usadas para gerar poder do lado dele. Por isso, permaneça atento ao direcionamento do debate e saiba lidar com o inesperado, sempre que algo inusitado ocorrer. Mantendo aguçada sua percepção poderá "ler" as sutilezas dos comportamentos e da argumentação do oponente. Identificará os sinais que ele passa, voluntária ou involuntariamente e, com sensibilidade, perceberá como ele se posiciona e quais são os aspectos vulneráveis da argumentação que ele apresenta.

"Decida com o coração e você acabará cardíaco!". Esse ditado, creditado aos árabes, faz-nos pensar na importância de utilizar o raciocínio estratégico.

Na reunião, use mais a mente do que o coração, use mais a lógica, administre seus sentimentos e controle suas emoções. Nunca se deixe enganar nem se permitia ser dominado por manobras que possam prejudicá-lo. Saiba deixar os assuntos difíceis para o fim (nunca os evite), mas aborde os assuntos desagradáveis cedo (não primeiro) e, fundamentalmente, insista em que os resultados se baseiem em padrões justos. Mas, mesmo considerando o que é justo e equitativo, seja assertivo e encaminhe um acordo que represente benéficos reais para você e para a outra parte.

Durante a reunião, você nunca deve se "desligar", mesmo quando a conversa torna-se desinteressante. Não se deixe abater ou perder o otimismo quando a reunião prolonga-se e leva ao cansaço. Nessa condição, torna-se mais importante manter sua atenção e autodomínio e continuar negociando por horas, se necessário. Mesmo submetido à pressão do tempo e do cansaço, você deve continuar buscando seu objetivo, sendo ágil em seu raciocínio, mas nem sempre rápido nas suas colocações e decisões.

Negociar é tomar uma decisão conjunta

O jornalista americano Henry Louis Mencken (1.880-1.956) afirmou: "Todo problema complexo tem uma solução simples, e ela está errada!"*[21]. A negociação não é uma atividade simples; não é simples e pode se revestir de grande complexidade. Negociar demanda planejamento, análise, reflexão, comunicação e decisão. Às vezes, por envolver muitas pessoas, pode levar a "um conjunto de decisões" (em certos casos em comitê). Por isso, durante as conversações, o negociador deve alterar a percepção dos envolvidos para as questões relativas às resoluções, apresentando alternativas viáveis que contemplem os seus próprios interesses e, ao mesmo tempo, que não desconsiderem as necessidades e expectativas dos interessados envolvidos da parte contrária.

Na negociação, se uma das partes quiser tirar o máximo proveito da outra tentando vencê-la a qualquer custo, poderá pôr tudo a perder. Por essa razão, diante de um oponente que busca um resultado unilateral, é necessário encaminhar o debate na direção dos pontos de convergência (negociações que se baseiam em divergências raramente têm um final feliz). Os mestres na arte de negociar afir-

---

21   * http://kdfrases.com/frase/102781 - Consulta em 23/02/2.013

mam que dois bons negociadores são capazes de chegar a bom termo qualquer que seja o objetivo da reunião; um negociador fraco pode dificultar o processo e gerar impasses por intransigência, por vaidade ou necessidade de autoafirmação.

Para ser eficaz, você precisa levar o oponente a convencer-se da necessidade de encontrar uma solução justa e integradora. Adote atitudes que demonstrem a importância do "futuro que vão criar", fazendo com que ele entenda que um precisa do outro para negociar. Evite contrariar o oponente porque se ele for contrariado, será mais difícil "decidir" qualquer coisa com ele. Esquive-se quando ele quiser o confronto e nunca discorde frontalmente dele, os embates acalorados e os confrontos distanciam as partes do acordo. Diante de provocações e objeções, demonstre seu desejo de encontrar uma "saída" que atenda aos interesses recíprocos, insista que os resultados baseiem-se em padrões justos, e deixe claro que busca "compatibilizar os objetivos" mútuos.

Se você não deve discordar frontalmente, também não pode se submeter. O que fazer, então? Use o recurso de "concordar discordando". Essa é uma maneira diplomática de amenizar as diferenças e contornar as manobras competitivas à mesa. Seja diplomático. Quando se sair melhor que o oponente, por ter usado um argumento irrefutável, não enalteça isso nem se prevaleça. Quando em virtude de uma argumentação melhor ganhar algo, jamais demonstre ao oponente que ele perdeu. Em qualquer circunstância, lembre-se de que é importante dar uma saída honrosa para o outro negociador.

Se houver fortes divergências, procure manter o clima positivo. Use de cordialidade e faça afirmações positivas em vez de usar a comunicação negativa. É sempre melhor dizer "o que é possível" ao invés de falar "o que não pode". Se receber uma resposta que o desagrade, evite discordar de imediato ou discordar totalmente, procure concordar "em parte" com o que ouviu e acrescente sua visão. Visando à qualidade do relacionamento e ao bom direcionamento dos debates, seja habilidoso com as perguntas: elas devem instigar o interlocutor a dar respostas que contribuam para o encaminhamento da solução.

Se na reunião há mais de um participante do outro lado, demonstre seu desejo de ouvir a todos e de entender a ótica de cada um. Suas afirmações e as respostas que der às questões que surgirem à mesa devem ser condizentes com a natureza dos presentes. Nas negociações em grupo, considere a opinião de todos, mas foque o líder. Mesmo assim procure deixar claro, por palavras e atitudes, que respeita e considera todas as colocações que ouve. Deixe a impressão que valoriza as contribuições dos presentes, mesmo quando não as utiliza e não pode reforçá-las.

A importância da percepção na reunião

Na reunião, além da competência técnica, você terá que colocar em prática sua habilidade interpessoal. Esteja preparado para fazer uma leitura do ambiente social. Mantenha sua atenção e perceba os sinais de interesse, aprovação ou reprovação, às ideias apresentadas. Reconheça emoções e sentimentos do oponente e imagine as consequências que suas ações podem acarretar nos debates. Use da melhor maneira sua capacidade de percepção.

Quem caminha em uma floresta para caçar, percebe alguns aspectos da mata, olha para identificar pegadas e fica atento a qualquer barulho que possa vir de um animal. Se o objetivo for passear pela floresta, a caminhada será mais romântica e despreocupada, e a atenção da pessoa estará voltada para outras coisas, como o canto dos pássaros, a beleza das árvores, das flores, o ruído das águas correntes. A mente é seletiva; por essa razão, supere os riscos e inconvenientes da má percepção que distorce a interpretação da realidade.

A boa percepção favorece a interpretação, mas as interpretações podem ser distorcidas se o negociador tem ideias preestabelecidas, preconceituosas ou se teve experiências negativas em negociações anteriores. Isso porque a percepção da realidade tem muito de subjetividade. Na hora de renovar o contrato do aluguel, o inquilino e o proprietário, induzidos pela subjetividade, pensam diferentes. O inquilino pensa que já está pagando muito pelo aluguel do apartamento; enquanto que o proprietário lembra que há três anos não há reajuste. O inquilino acha que o aluguel é caro, considerando a localização e o tipo de vizinhança; o proprietário acredita que, se puder elevar o valor do aluguel, isto vai contribuir para melhorar o nível do bairro e a qualidade da vizinhança.

Fique atento a tudo. Nunca perca detalhes enquanto negocia. Use o que a psicologia chama de "percepção de contexto": não focalize apenas os fatos e os comportamentos isolados, interprete a atuação do outro e perceba como cada ocorrência se inter-relaciona no esquema global da negociação. Controle seu desejo de chegar rápido ao acordo e evite falsas interpretações por ansiedade, isso pode atrapalhar seu julgamento da realidade. Procure "ler" as expressões corporais do oponente para identificar os significados de suas ações. Talvez, você perceba até as intenções dele.

Expressões não verbalizadas

Albert Mehrabian, professor de psicologia da Universidade da Califórnia, pesquisador da linguagem corporal, citado por Allan Pease no livro de sua autoria Desvendando os Segredos da Linguagem Corporal, identificou que, nas comunicações interpessoais, apenas 7% são decorrentes da mensagem verbal (só palavras), os restantes 93% estão distribuídos assim: 38% pertencem à categoria vocal (tom de voz, inflexão) e 55% são mensagens não verbais (gestos, atitudes, meneios, posturas corporais, expressões faciais e das mãos). As palavras, comunicação verbal consciente e racional, são usadas para transmitir informações pensadas e de maneira intencional. As expressões não verbais passam informações de maneira "espontânea", involuntária, sem que, na maior parte das vezes, a pessoa perceba isso. A comunicação é, portanto, resultante de duas mensagens: verbal e não verbal. A mensagem não verbal complementa as falas e as ideias "acrescentando significado" ao que foi dito.

Quando uma pessoa fala, suas palavras representam a "mensagem intelectual" (o que ela quer dizer), mas seus não verbais, gesticulação, expressões corporais e faciais, transmitem a "mensagem emocional", a qual revela os sentimentos que ela tem em relação ao que diz. Se você souber interpretar essas mensagens, verá que elas podem ser mais significativas do que as palavras proferidas pelo interlocutor. Mas, não se esqueça que, da mesma maneira que você interpreta as mensagens do oponente, ele pode fazer o mesmo. Por isso, duas habilidades são fundamentais para o negociador à mesa: a leitura dos sinais não verbais do interlocutor e o controle do envio dos próprios não verbais.

Muitas atitudes, comportamentos e expressões não verbais de uma pessoa podem ser percebidos sem que uma única palavra seja dita, por exemplos: cara de desdém, nariz empinado, olhar de rancor, reação lenta, gestos ríspidos. Mesmo que um indivíduo tente dissimular, suas atitudes transparecem nas expressões faciais e corporais, na sua maneira de falar e no seu tom de voz. Isso se evidencia, em especial, nos comportamentos: postura, gestos, expressões faciais, calor humano, energia, autoconfiança, interesses, silêncio, segurança (ou insegurança), alegria, apatia, ansiedade, tranquilidade, contato visual, naturalidade, bom (ou mau) humor. O filósofo e escritor britânico James Allen (1864-1912) afirmou: "Uma pessoa não pode mover-se interiormente e continuar imóvel por fora"*[22].

---

22 * http://www.verdadegospel.com/nossas-atitudes-determinam-o-nosso-sucesso-ou-o-nosso-fracasso/ - Consulta em 17/12/2.012

Portanto, durante a negociação, fique atento aos sinais corporais, faciais e não verbais, do outro negociador. Os sinais mais comuns que demonstram aceitação são: erguer a cabeça, descruzar os braços, aumentar o contado visual, mover-se em sua direção ficando mais próximo da borda da cadeira, juntar os dedos das mãos em forma de torre. Fique atento também aos sinais de resistência/rejeição, tais como: mexer-se impacientemente na cadeira, redução do contato visual, cruzar os braços, cara de tédio (olhar para fora, bater com os dedos na mesa, rabiscar uma folha de papel).

Se a pessoa inclina o corpo levemente em sua direção, demonstra encorajamento para que continue falando. Se ela está sentada e aproxima-se mais de você, apoiando-se na ponta da cadeira, demonstra interesse e disposição para negociar. Mas, se depois da sua argumentação, ela cruzar os braços ou as pernas, ou se afastar recostando-se na cadeira, provavelmente você ouvirá um "Não". Por outro lado, se ela se aproximar, inclinando-se para frente em sua direção, se estiver com os braços abertos, se pegar a proposta ou a caneta, estes podem ser sinais de ela esteja mais próxima de dizer "Sim".

Se a pessoa, ao falar, coloca suas mãos espalmadas para cima, demonstra que não tem nada a esconder. Se unir a ponta dos dedos, demonstra confiança e segurança. Se levar o dedo ou a mão em frente da boca, significa autocensura: "Será que eu devia ter dito isso?". Passar a mão nos cabelos, atrás da cabeça pode significar dúvida ou frustração. O nervosismo ou ansiedade de uma pessoa é demonstrado por respiração curta, por mover-se muito e nervosamente. Quando uma pessoa esforça-se para manter seu autocontrole, geralmente mantém as mãos enlaçadas, segura um dos pulsos ou agarra os braços da cadeira.

O gesto de alisar o queixo, ou colocar a haste do óculo na boca, demonstra que a pessoa está ponderando para tomar uma decisão. Quem levanta bruscamente demonstra que não deseja continuar a conversação (pode ser também uma demonstração de superioridade). Levantar os ombros é o mesmo que dizer "Não ligo para isso". Quem fica cabisbaixo, denota tristeza, desânimo. Mão na testa: dúvida, cansaço. Estender uma planilha ou objeto em direção ao outro negociador para mostrar algo, "invadindo" a outra "metade da mesa", indica aceitação não verbal da proposta.

De forma automática, e independentemente de controle, a linguagem corporal de uma pessoa pode ter um peso até maior do que suas palavras, e transmitir mensagens muito significativas. Embora uma pessoa possa exercer pleno domínio sobre as palavras e os argumentos que usa, ela não pode manipular completamente a sua linguagem não verbal. O que é não verbal, ela expressa naturalmente, transmite inconscientemente, na maior parte dos movimentos sutis que faz. Esses sinais podem indicar a emoção que ela está realmente sentindo naquele momento. Se alguém diz "Eu não tenho dificuldade para aceitar você", mas não olha nos olhos do outro enquanto fala, seu sentimento pode demonstrar o contrário.

Quando duas mensagens conflitam, sendo uma verbal e outra não verbal (o que a pessoa disse e o gesto que ela fez), a mais forte e marcante será a não verbal. A razão disso é que uma pessoa pode manipular o que diz, mas não pode controlar todas as reações espontâneas dos seus sentimentos e das emoções que transparecem em seu corpo. Se prestar atenção ao oponente, você interpretará se há contradição entre as palavras e a linguagem não verbal que ele transmite involuntariamente.

Perceber e entender os "não verbais" do interlocutor pode representar grande fonte de informações e até determinar o seu sucesso na negociação. Use essas informações preciosas para continuar a conversação em direção aos seus objetivos. Uma pergunta que você deve fazer mentalmente é: "Tudo o que o oponente diz corresponde à sua linguagem não verbal?". Contudo, é necessário muito cuidado nas interpretações, porque o mesmo gesto pode ter diferentes significados, dependendo da pessoa e das circunstâncias.

"Teatralizações"

Há um tipo de oponente que "teatraliza" na reunião. Como um ator, ele pode representar diversos papéis: "fazer-se passar por bonzinho para encobrir sua verdadeira face de vilão", "dar a impressão que quer uma coisa quando quer outra", "fazer-se de desentendido", "fingir ignorância". Além de uma conduta para enganar ou dissimular, ele pode usar de certos truques comportamentais para surpreender, tais como: levantar subitamente, falar muito alto quase gritando, esmurrar a mesa com a intenção de intimidar, ou se fechar como uma ostra.

Você deve estar preparado, porque o oponente pode estar "encenando". Se for encenação, por que você não poderia levantar-se também? Por que não poderia erguer o tom de voz como ele fez? É claro que pode, mas talvez seja mais conveniente responder com um tom ameno e continuar conversando de forma a não "alimentar" os comportamentos dramáticos dele. Nessa circunstância, é melhor manter a serenidade: afinal, tudo pode não passar de encenação. Seu silêncio pode ser uma arma poderosa. Mas você pode fazer-se de enigmático, falar com certo ar de mistério, não revelar nada, falar muito baixo, quase inaudível. Essas reações também são "representações" e podem fazer com que o oponente fique sem saber o que fazer.

Passado o momento da encenação, é necessário voltar para o que vai viabilizar o negócio. Concentre-se nos pontos relevantes da proposta. Procure classificar, em ordem de importância, as necessidades e expectativas do oponente. Verifique quais são os pontos de mais fácil concordância e "capitalize" o que já foi combinado nas "negociações parciais". E, revigorando sua argumentação em face das objeções que surgiram e que foram superadas, proponha alternativas. Agindo assim, seu oponente perceberá que não conseguiu agredi-lo e que você não se deixou perturbar nem influenciar pelas "dramatizações" que ele fez.

Imagine esta cena: O vendedor é recebido cordialmente pelo comprador em sua sala. O comprador convida o vendedor para sentar-se. Ambos sentam. Então, o comprador tira da gaveta uma proposta do concorrente (falta de ética) e, levantando-se, joga a folha-proposta displicentemente em direção do vendedor, dizendo: "O que é que você faz em cima disso?" Feito isso, sai da sala. O vendedor fica sozinho no ambiente e lê com atenção a proposta do concorrente. Após alguns minutos, o comprador retorna à sala e senta em sua poltrona. Nesse momento, o vendedor levanta-se e, colocando a proposta que leu na frente do comprador, diz: "Mantenho o prazo!", e permanece em pé.

O vendedor utilizou essa atitude para "estabelecer equidade" com o comprador. O comprador foi displicente e agressivo; o vendedor não. O comprador foi indelicado ao jogar a proposta do concorrente em direção ao vendedor; o vendedor foi discreto ao colocar a proposta na mesa à frente do comprador. O vendedor, afirmando "mantenho o prazo!", não disse se seria o de pagamento ou o de entrega, mas teve por objetivo reverter a encenação diante do comportamento ostensivo do cliente. Com um único gesto e uma única frase, o vendedor criou equilíbrio de poder no início da negociação. Demonstrou ao comprador que, a partir daquele momento, ambos estavam em condições de começar a negociar, agora em condições de igualdade e sem encenações.

Na reunião, analise seu desempenho em comparação com o desempenho do outro negociador. Não esqueça que, para liderar a reunião, você terá que utilizar muitas habilidades, dentre elas: falar assertivamente, perguntar, responder perguntas, convencer, discordar, solicitar mudança de posições, expressar sentimentos, lidar com críticas, questionar, resolver problemas, interpretar as falas do oponente, perceber e analisar as mensagens não verbais dele.

Cenário da negociação

Cenário é tudo aquilo que cria a atmosfera da reunião: o ambiente, o *status* dos presentes, a disposição das pessoas à mesa, o local, o horário, o tempo da reunião, o contexto que envolve a conversação. O cenário pode ser desfavorável se houver ruídos, ausência de ar condicionado, interferências e interrupções, falta de horários definidos, se a parte oponente "reforçou o time" e você não. Para criar um cenário favorável, você deve se perguntar: o que pode ajudar e o que pode atrapalhar no cenário dessa reunião?; o que deu certo antes?; devo repetir ou inovar?; o que é necessário para reforçar minha presença?; de quais recursos vou precisar: maquetes, mapas, plantas, demonstrações, relatórios, resultado de pesquisas, experimentações, estatísticas?, depoimentos (talvez, um "telefonema inesperado")?, vídeos?, planilhas?.

As respostas a essas perguntas também ajudam a compor o cenário: quantas pessoas estarão reunidas?; quem se sentará na cabeceira da mesa?; qual será o horário da reunião (durante o expediente, antes dele ou após)?; qual o tempo de duração da reunião? - tem previsão para terminar?; quem vai elaborar a agenda? - se for o outro, poderei participar?; a reunião ocorrerá na minha empresa, na do oponente, ou será em território neutro (hotel, centro de convenções)?; os antecedentes têm algo a ver com o cenário atual?; caso o cenário seja montado pela outra parte – ela vai me consultar?; poderei alterar o cenário, por exemplo, trocar de lugar na mesa?

É bom que você indague também: as pessoas que vão se reunir já se conhecem?; esta é a primeira reunião?; será única ou teremos outras?; o momento é propício para ambos os lados?; o relacionamento é bom ou tivemos problemas anteriormente?; que temas podem gerar debates competitivos?; serão convidados técnicos ou especialistas para dirimir dúvidas?; serão feitos contatos por telefone para "criar receptividade"?; poderá chegar alguém na reunião que não tenha sido convocado ou convidado?; como evitar que os recursos que me favoreçam não representem um aparente prejuízo (ou desprestígio) para o outro lado?

Dê um passo de cada vez...

O ambiente dá o tom da negociação. Imagine um negociador sentado na ponta da mesa numa cadeira giratória, revestida de couro e de respaldar alto. Essa cadeira possui rodinhas que lhe dá grande liberdade de movimentos. Do outro lado da mesa, está sentado, numa cadeira de madeira, desconfortável e sem braços, o interlocutor. Quem ocupou a cadeira mais alta vai demonstrar seu poder, usará das vantagens de se reclinar, virar, mover-se e mudar de posição. Talvez faça isso para intimidar seu oponente e para ganhar o domínio do cenário.

A cadeira mais alta serve como símbolo de *status* e de dominação: dá segurança para quem está sentado nela e uma sensação de inferioridade para o outro. A exibição intencional de liberdade de movimentos é usada para demonstrar superioridade. Esse recurso, assim como outros símbolos, serve para declarar ou estabelecer posições e para confirmar a hierarquia no jogo sutil, ou ostensivo, da demonstração de poder. Em uma circunstância como essa, o negociador não pode intimidar-se, mas deve criar condições para garantir o equilíbrio de poder com o oponente. Talvez consiga isso, dizendo ao outro que sabe que o cenário favorece o lado dele. O fato de "denunciar" que percebeu o cenário desfavorável para si, é uma maneira de equilibrar o poder com o oponente. Mesmo assim, deve demonstrar disposição para negociar, desde que seja possível compatibilizar os objetivos de ambos.

Check list para a reunião final:

- Quais os pontos já aceitos?
- Quero o acordo nessas condições?
- Consegui melhorias no relacionamento?
- Quais são os pontos-chave para fechar?
- O que pode ser motivo de impasse?
- Quais os benefícios para os dois lados se fecharmos como está?
- O que é determinante para a decisão das partes?
- Quem dará a palavra final?
- Como devo propor o compromisso final?
- Como devo conduzir a próxima reunião?

"Amarrações":

No final das conversações, antes de estabelecer o compromisso e definir as ações subsequentes, é necessário que você faça uma síntese de tudo o que ficou acertado, passando em revista os pontos principais, a fim de que não sobrem dúvidas para os presentes sobre os pontos abordados e o que foi combinado. Aproveite esse momento para demonstrar a importância da implementação daquilo que foi pactuado, e de como deve ser a convivência das partes dali em diante. Faça "amarrações", esclarecendo para a outra parte que o acordo firmado vale, exclusivamente, para a negociação concluída. Deixe claro que as futuras negociações não partirão, necessariamente, do acordo que está sendo estabelecido.

Escreva o acordo usando linguagem simples, explícita e objetiva. Melhor fazê-lo antes de as partes se separarem. Faça isso confirmando e documentando tudo o que foi combinado, imaginando e prevendo diferenças futuras. No momento de conclusão da reunião, dê ao oponente uma sensação de vitória, fazendo com que ele sinta que a participação dele foi importante para a conclusão do acordo.

Depois da última reunião, a de fechamento do negócio, procure avaliar como foi seu desempenho, isso irá ajudá-lo a melhorar sua performance nas próximas negociações que fizer. Pergunte-se: Como foi minha atuação?; Trabalhei bem os objetivos?; O que fiz de melhor?; O que deixei de fazer?; Qual foi meu melhor momento, por que?; Quais foram os momentos de maior risco?; Perdi alguma oportunidade importante?; Qual foi o aspecto mais importante da reunião de fechamento?; Quais são as lições que posso tirar desta negociação?; O que devo colocar em prática nas próximas negociações?. Feito isso, esteja pronto para as negociações que virão.

Capítulo 11

Prepare-se para trocar concessões

Como solicitar e fazer concessões

A negociação pressupõe que as partes mobilizem-se por meio da troca de proposições e concessões. É a "troca de concessões" que faz com que as partes avancem em direção ao acordo. Conceder (ceder com) significa que as partes devem abrir mão de algo para que o negócio se realize. Para conceder, você deve ter em mente uma condição: só oferecer uma concessão se for receber outra em troca. Se não for assim não será concessão, e sim, doação. O ideal é começar pensando em negociar e só depois pensar em ceder – porque quem cede uma vez torna-se mais propenso a ceder novamente. Portanto, nunca pense no mínimo que pedirá, mas sim, no máximo que poderá ganhar considerando o princípio: "quem pede mais obtém mais!".

É evidente que o negociador ao sugerir ao oponente que pode fazer uma concessão, fará certas "exigências". Estabelecerá condições para aumentar seu poder de barganha, uma vez que está "oferecendo algo especial". A razão disso é levar a outra parte a valorizar o que poderá receber, porque, se a concessão não for condicionada pelo vendedor, o comprador poderá entendê-la como "tendo o direito" àquilo. Se um negociador dá algo sem receber uma contrapartida, poderá enfraquecer-se na sequência dos debates. Em certos casos, quem dá demais acaba por render-se – a capitulação representa a derradeira concessão!

"Nunca aceite a primeira oferta". Aceitar a primeira oferta cria dúvidas sobre o negócio e frustra o oponente. A outra parte tem a expectativa de negociar, ela quer jogar o jogo da negociação. É necessário seguir um ritual para usar da técnica das concessões. Portanto, esteja preparado para debater, propor, solicitar e fazer concessões. Durante a troca de concessões, seja objetivo, mas não negocie rápido demais, porque, quando uma negociação é resolvida muito rapidamente, uma das partes irá sentir-se insatisfeita.

Liste, previamente, as concessões que você quer solicitar. Assim, à mesa, correlacione as concessões que pode oferecer com as que pretende conseguir e, com isso, fará o oponente mobilizar-se. Durante os debates, ofereça algo que "não tem tanto valor para você", mas que "represente valor para o oponente". Para que tenha segurança, você deve ter estabelecido previamente, na fase do planejamento, uma "hierarquia das concessões", em uma relação sequencial, da menos importante para a mais importante, sob o ponto de vista de quem vai receber. Como um alpinista que se prepara para todas as fases da subida, planeje a escalada técnica das concessões relacionando-as em hierarquia. Os alpinistas não contrariam a natureza: eles usam as forças da natureza a seu favor.

Como bom negociador você também não deve contrariar as técnicas de negociação, especialmente aquela que diz "nunca dê algo sem solicitar alguma coisa em troca". Na reunião, resista às pressões do oponente, use o tempo a seu favor e nunca dê nada facilmente para o outro, mesmo que seja pouco. Se puder conceder, faça a concessão barganhando o que vai dar com algo que deseja obter. Mas faça isso utilizando o princípio "faça o outro lutar pelo que quer", caso contrário ele não valorizará o que vier a receber. Mantenha-se dentro de sua "margem de concessões", assim poderá conquistar o que quer sem abrir mão de muita coisa.

As concessões recebidas com facilidade e conseguidas rapidamente não têm valor, mas aquelas que foram conquistadas depois de muito esforço são importantes e valiosas. É por essa razão que antes de propor uma concessão, você deve pensar em barganhá-la com algo que deseja. Pergunte a si mesmo: "Quanto vale isso para o outro?"; "Qual será a reação do oponente ao perceber que para receber o que deseja, terá que abrir mão de alguma coisa em troca?". Para fazer bom uso da técnica das concessões, lembre-se do que afirmou o filósofo alemão Nietzsche (1844-1900): "O valor de uma coisa não está no que se consegue com ela ou no que se paga por ela; mas sim no quanto ela nos custa (conseguir)"[23]. As pessoas somente dão valor àquilo que demanda o esforço da conquista.

Utilizar bem a técnica das concessões depende do objetivo da negociação, das circunstâncias e, fundamentalmente, do bom uso das informações. Quanto mais ideias e argumentos o oponente apresentar, mais você melhora sua condição de solicitar concessões e de condicionar as que puder oferecer. Procure levar o oponente a iniciar com as concessões. Na fase da troca de concessões, correlacione as concessões que solicita com as que pode oferecer. Faça isso sempre de maneira condicional, valendo-se das expressões "se" e "então": "*Se* o senhor dobrar o pedido, *então* eu posso melhorar o desconto".

Ao apresentar sua proposição dessa maneira, você não mencionou ainda de quanto será o desconto, não declarou qual é o percentual que pretende conceder, mas sinalizou que "pode" fazê-lo. Além disso, deixou claro que, para tanto, é necessário que haja equidade. Equidade é uma "ferramenta" à sua disposição para gerar equilíbrio diante de propostas e contrapropostas que recebe e faz. Por isso, não esqueça de pensar no equilíbrio de poder: "Se eu dou algo que o outro quer, então ele deverá dar algo que eu quero; se abro mão de algo em seu benefício, por que ele não deveria fazer o mesmo por mim?". Considere e faça apenas proposições realistas e que sejam exequíveis.

Muitas vezes, para atingir seu objetivo, você terá que dar um passo para trás para poder; depois, dar dois passos para frente e ir conquistando aos poucos aquilo que deseja. Se você definiu previamente sua hierarquia das concessões, e se levar em conta o *script* financeiro (ver em planejamento), terá mais segurança nos debates.

Mesmo tendo planejado, para não ficar vulnerável à mesa, pergunte-se mentalmente enquanto negocia: "Que concessões devo pedir agora?; Quais concessões posso fazer?; O que não posso conceder em função do rumo

---

23   * http://pensador.uol.com.br/aqui_se_faz_aqui_se_paga/2/ - Consulta em 17/10/2.012

dos debates?; Quais serão as consequências dessa troca de concessões no curto e longo prazos?".

Na reunião você é arquiteto de suas opções. Se acenar com a possibilidade de uma concessão, estará fazendo uma concessão: se disser "vou pensar", o oponente percebe que alguma coisa poderá conseguir. Todavia, quando disser "este é meu limite" não deve ceder mais para não perder credibilidade. Nesse ponto, é necessário que sua atitude e suas palavras manifestem firmeza. Se disser não, e se persistir em seu não, a outra parte acreditará mais nele. Se tiver que ser firme, não hesite: na negociação, há momentos em que deverá usar de sua autonomia e de seu poder de veto. Em certa circunstância, poderá fazer isso lembrando à outra parte que a concessão oferecida será retirada se não houver contrapartida.

Quem está vendendo pede um preço mais alto; mas, se estivesse comprando, ofereceria uma quantia mais baixa. Entretanto, em quaisquer dos lados, é necessário que o valor apresentado seja justificável. Portanto, tenha cuidado com a declaração de valor: valores extremos, muito altos (solicitados pelo vendedor), ou muito baixos (oferecidos pelo comprador), ofendem ou revoltam o oponente. Nunca fale em "números arredondados": "O preço gira em torno de..." (vendedor); ou "posso investir na faixa de X..." (comprador). Essas colocações não geram credibilidade e não estabelecem um ponto de partida. O melhor é, em primeiro lugar, descobrir as expectativas do oponente, explorar o que é significativo para ele, apresentar o valor financeiro e, só depois, iniciar a troca de concessões.

A maneira como fizer a concessão é mais importante do que a concessão em si. Por isso, não aumente as expectativas do outro concedendo demais ou muito rapidamente. É melhor iniciar com pequenas concessões e procurar ceder com intervalos grandes de tempo entre uma concessão e outra. Ao fazer/solicitar concessões, não se esqueça das concessões já feitas e das já recebidas. O uso eficaz da técnica das concessões além de proporcionar a mobilização das partes, faz que cada negociador perceba que não pode fazer o outro perder para se beneficiar.

Algumas ideias para usar a técnica das concessões:

- Peça mais e obterá mais
- Estimule o outro a abrir o jogo

- Seja habilidoso diante de propostas ridículas
- Faça concessões que não signifiquem perdas
- Se disser "vou pensar", isso é uma concessão
- Peça algo em troca de toda concessão que fizer
- Dê a você mesmo uma "margem" de concessões
- Mantenha em mente a "hierarquia das concessões"
- Dê um pouco de cada vez – use o tempo a seu favor
- Faça o outro lutar pelo que quer (ele valorizará mais se receber)
- Não aumente as expectativas do outro concedendo demais ou rapidamente
- Diante de uma proposta para "rachar a diferença" é melhor dizer "não posso"
- Mostre que sua concessão vale somente para "aquela" negociação (para não virar critério)

Concentre-se nos "interesses", não nas posições

Na negociação, há uma grande diferença entre o que uma pessoa diz que quer (posição) e o que ela realmente pretende (interesse). A "posição" é expressa, manifesta um desejo; o "interesse" é subjetivo e nem sempre revelado, representa as razões (objetivos) pelas quais alguém quer algo. Quem se posiciona de forma rígida, declarando sua posição inflexível, passa a seguinte mensagem: "Existe uma única solução, a minha!". Se um negociador discute sua posição, quanto mais tenta esclarecer e defendê-la, mais ele se compromete com a posição declarada e mais vai tentar impô-la para que o outro aceite-a a qualquer custo.

Se os dois negociadores assumem posições rígidas, a barganha de posições paralisa a resolução. Quanto mais extremadas as posições, mais tempo e esforço será necessário para descobrir-se a viabilidade do acordo. Discutir posições leva cada um a desejar "manter sua vontade" e a condicionar a ação futura com o que já disse anteriormente. Quanto mais presa à sua posição uma pessoa estiver, menos atenção ela dedicará ao interesse subjacente da outra parte. Mantendo uma posição rígida e "endurecendo o jogo", intencionalmente ou não, será difícil compatibilizar o seu com o interesse da outra parte.

Quando duas pessoas disputam uma laranja, ambas dizem querer a laranja (posição), mas, na realidade, uma delas quer o suco (interesse) e a outra precisa da casca (interesse). Uma pretende tomar o suco e diz querer a laranja; a outra deseja a casca para fazer a cobertura de um bolo e, também, afirma querer a laranja. Se cada uma delas apega-se à sua posição (a laranja inteira), elas se engajam em uma disputa sem vencedor. Desperdiçam o tempo que poderia ser investido na busca de uma solução criativa e de benefícios mútuos. Elas só chegarão a um acordo se "deslocando" de suas posições antagônicas e focando nos "interesses".

Discutir posições pode "minar" o relacionamento. As partes, por não quererem ter seus interesses desconsiderados, podem boicotar-se mutuamente. Se ambas tentarem manter a disputa pela laranja, acabarão saindo sem o que necessitam. Se insistirem nas posições, enquanto seus interesses legítimos são postos de lado (suco para um e lascas da casca para o outro), o relacionamento será prejudicado porque as posições são inegociáveis e afetam o relacionamento. Posições levam um a querer vencer o outro – se alguém ganhar sairá eufórico, aquele que perder ficará ressentido e seu ressentimento poderá durar muito tempo.

Para identificar o interesse do oponente, use a pergunta "por que?". Ao perguntar diretamente "por que você quer a laranja?", você identificará qual é o real interesse dele. Depois de saber o motivo, ficará mais fácil demonstrar para ele que o problema não é unilateral e que, se trabalharem juntos procurando uma solução, ela aparecerá. Assim, você poderá levar o interlocutor a entender que "atender aos interesses de uma parte não significa necessariamente fazer isso contra os anseios da outra" e que seus interesses, embora diferentes, podem ser conciliáveis. Portanto, para conduzir com sucesso a negociação procure colocar em prática o princípio: "concentre-se nos interesses, não nas posições".

Flexibilidade

O negociador precisa saber flexibilizar. Flexibilizar é ceder, é envergar sem quebrar. Flexibilidade no relacionamento é a capacidade de se adaptar às diferentes situações que se apresentam, adotando o comportamento mais adequado a cada uma delas. É a habilidade de considerar que as necessidades e expectativas do outro podem ser tão legítimas quanto as suas.

Flexibilidade é a capacidade de conviver com a mudança, o que é essencial nas negociações.

Pessoas flexíveis estão sempre preparadas para negociar. Flexível é quem tem a visão e a abertura necessárias para enfrentar, de maneira criativa, as dificuldades de relacionamento e convivência, bem como as de trabalhar as condições do negócio. Pessoas flexíveis lidam bem com os outros por terem maior tolerância com as diferenças individuais. Elas controlam suas reações emocionais, sabem quando dizer "sim" e quando dizer "não". Conseguem superar, mais facilmente, as situações de incerteza, as indefinições, as contraposições e ambiguidades que ocorrem durante os debates.

Flexível é quem está menos sujeito aos hábitos e encara os compromissos de modo construtivo, não como uma pedra no caminho. O negociador flexível sabe demonstrar entusiasmo com o atendimento dos interesses e necessidades mútuas. Lida bem com comportamentos defensivos e sabe "o que fazer" e "o que evitar fazer" para manter a harmonia do relacionamento. Como as circunstâncias mudam o tempo todo na negociação, somente uma visão aberta e criativa dos problemas e uma boa dose de flexibilidade podem proporcionar acordos produtivos.

O radicalismo, a visão unilateral, o alto rigor no julgamento de pessoas e das situações, dificultam ou impedem escolhas adequadas e em nada contribuem para resultados positivos nas negociações. Pessoas, cujas atitudes e comportamentos baseiam-se em opiniões "imutáveis" e na intransigência, são um perigo quando negociam. Uma visão aberta e criativa dos problemas depende de uma boa dose de flexibilidade mental. A flexibilidade pode representar a "tábua de salvação" em um momento de impasse na negociação. Contudo, é necessário que você saiba ser flexível no relacionamento e, ao mesmo tempo, assertivo e objetivo nas condições do negócio.

Para ser flexível nas condições do negócio, estabeleça limites. Limite é o máximo que você está disposto a abrir mão para que o negócio aconteça. Faça todos os cálculos no escritório para ter em mente, durante a reunião, os limites fixados no planejamento. Estabeleça também um "ponto de resistência" a partir do qual você desistirá da negociação. Além do limite, é preferível abdicar, mas, se tiver que fazê-lo, pense que "recusar um mal negócio é tão importante quanto fechar um excelente acordo". Se chegar ao ponto de encerrar a negociação não hesite, mas passe uma mensagem assertiva para o outro lado, deixando claro em quais condições a negociação pode ser retomada.

Para usar a flexibilidade:

- Compartilhar informações sem se desgastar
- Abrir mão de algo que não seja imprescindível
- Procurar descobrir outras maneiras de solução
- Não se prejudicar querendo ser flexível demais
- Respeitar as determinações e diretrizes da empresa
- Controlar a manifestação dos sentimentos e emoções
- Ficar atento para ver as oportunidades, não só ameaças
- Ver a situação pela ótica própria e também pela do outro
- Perceber o melhor momento para solicitar e fazer concessões
- Transformar atitudes e comportamento defensivos em algo construtivo

Capítulo 12

Use táticas para mobilizar-se com segurança

As táticas servem para que o negociador se mobilize, e provoque a mobilização do oponente nos debates. Por meio delas, o negociador apresenta suas proposições e resiste às proposições inconvenientes que recebe. Ao empregar com eficácia as táticas, pode avançar ou recuar, conquistar vantagens e defender-se, aceitar ou rejeitar argumentos e condicionar as concessões. As táticas ajudam a resistir a pressões, a aproveitar oportunidades, a desvencilhar-se das questões que envolvam riscos e a tornar favorável a opinião do oponente.

O negociador lança mão das táticas, dependendo da avaliação que faz das circunstâncias do debate. Geralmente, essa avaliação considera: a importância da "cartada", o peso que esta terá no conjunto das informações já trocadas, o poder do outro negociador, a maneira como ele pode receber ou contrapor-se à tática utilizada. O negociador também pensa na condição de dar sustentação à sequência dos debates, considerando que a tática que usar pode sofrer retaliação ou revide. Por essas razões, a utilização das táticas demanda uma adaptação constante, momento a momento, às condições que se apresentam na conversação.

Jogadas rápidas podem ocorrer. De repente, o oponente apresenta, de forma impetuosa, uma nova exigência, reivindicando algo que não estava em discussão ou que não fazia parte das tratativas. Ele pode estar improvisando, ou ter preparado essa ação para surpreender. Nesse caso, você deve reagir sutilmente como um praticante de *Tai Chi Chuan*: fazer silêncio, demonstrar introspecção, não reagir imediatamente. Pensar. Ser discreto. Manter o controle emocional. Dar tempo ao tempo. E, depois disso, continuar com movimentos suaves retomando a argumentação em outro ritmo, procurando mudar também a forma de abordar as questões.

É recomendável que você conheça o jogo do outro antes de mostrar o seu. Escolha o momento e a maneira de apresentar suas ideias e lembre-se de reservar argumentos. Use as táticas: quando o outro negociador discordar, quando ele fizer uma proposição ou usar uma das táticas aqui apresentadas. Então, apresente sua contestação e debata com segurança. Conheça as táticas e veja como utilizá-las:

Cobertor, avalanche ou caldeirão

É a tática de iniciar com "fortes exigências", reivindicar tudo o que se quer de uma só vez. Essa tática é utilizada quando o negociador quer mostrar "muita firmeza", quando deseja conseguir um bom espaço para negociar, ou ainda, quando quer confundir sobre o que é importante e o que é acessório. Por exemplo, o representante do Sindicato dos Empregados diz: "Queremos reajuste de 6%; mais 1,5% de adicional por produtividade a cada seis meses, durante 2 anos; estabilidade no emprego por 1 ano e mudança do plano de saúde da categoria C para a categoria B".

O que fazer? O negociador da parte patronal pode protestar, se o oponente está agrupando muitos assuntos, e isso leva à perda de tempo. Deve, tão rapidamente quanto possível, identificar qual é o interesse fundamental dos empregados e concentrar-se nas questões principais. Debater essas questões com firmeza, sem confronto – algumas daquelas "exigências" iniciais podem acabar perdendo importância durante os debates. O negociador patronal pode utilizar também a tática do colchete.

Colchete

É levar o outro negociador a reduzir suas pretensões. Essa tática serve também para identificar qual é a questão principal.

O que fazer? Perguntar para a outra parte o que é determinante dentre as solicitações que fez, levando-a a separar o principal do acessório ("você pede tudo, mas o que é fundamental?").

Choro

É a tática utilizada para deixar claro o quanto se tem disponível para o negócio ("...é o que posso oferecer!"). A oferta "chorada" é sempre abaixo do que o outro negociador pediu. Exemplo: um comprador diz "Tudo o que eu tenho são R$ 9.400,00" (o vendedor pediu R$ 10.000,00). Outro comprador, "chorando", pode dizer: "Gostei de sua proposta e estou precisando muito do produto, mas só tenho R$ 9.400,00 para investir".

O que fazer? O vendedor pode dizer ao comprador que aprecia o fato de ele ter gostado da proposta, mas o valor que ele apresenta é incompatível com a qualidade do produto/serviço que está oferecendo. Em certa circunstância, um vendedor pode propor modificar o prazo de entrega e/ou recebimento, dizendo: "neste preço só se recebermos 60% do valor antecipadamente, e fizermos a entrega em 120 dias" (o comprador quer em 30 dias e pretende dar 20% de entrada). Mas, para usar essa tática, é preciso estar seguro de que o cliente não vai "alterar o prazo" só para poder aproveitar determinado benefício.

Surpresa ou mudança de ritmo

Essa é a tática de aceitar e relutar, demonstrar abertura e depois se fechar, apresentar novas exigências, ou agir como quem "ao se aproximar do acordo dele se distancia". A intenção é levar o outro negociador a ficar satisfeito por aproximar-se do fechamento e, ao mesmo tempo, frustrado por ver-se distante disso repetidas vezes. O oponente pode trazer uma informação nova que soa como uma verdadeira "bomba", como por exemplo: "Por que o senhor cotou para a empresa X um preço 8% mais baixo do que para a nossa?". Essa surpresa representa uma mudança de abordagem para deixar o negociador sem defesa.

O que fazer? Afirmar que são propostas muito diferentes, sendo que na cotação mais baixa houve redução dos serviços agregados. Pode-se também fazer uso da tática do Recesso.

Recesso ou abstinência

É a tática de interromper, parar um pouco para meditar (tomar um café, por exemplo), mas permanecendo junto da outra parte.

O que fazer? Após breve interrupção, retomar o debate reafirmando as diferenças nas características das propostas comparadas. Depois disso, o negociador deve voltar a debater a proposta, mostrando alternativas e demonstrando que estava preparado a ponto de, mesmo diante da "surpresa", poder reconfigurar sua argumentação.

Ameaça e Intimidação

"Ameaça" é a tática de "colocar na parede" a outra parte com o objetivo de deixá-la sem saída. Um negociador pode dizer: "Vamos parar de comprar"; outro negociador pode afirmar: "Vou fechar a fábrica se você não concordar com...". "Intimidação" é uma variação mais branda da ameaça: "Posso parar de comprar" ou, "Podemos paralisar a fábrica com uma greve relâmpago". Tanto a ameaça como a intimidação, podem funcionar, mas geram hostilidade. São perigosas.

O que fazer? Usar do silêncio. Não esboçar reação, olhar para o outro e demonstrar que está pensando no que ouviu. Depois disso, retomar a conversação alinhando os aspectos de fácil concordância e, logo após, abordar novamente os aspectos que geraram a dificuldade.

Autoridade limitada

É a tática de quem pretende demonstrar que seu poder de decisão possui limites e que não pode flexibilizar mais por não ter autonomia. A intenção é demonstrar que, se o outro não aceitar seus limites, poderá perder o negócio. Quem usa essa tática pretende demonstrar que "já fez tudo o que podia" em termos de concessões.

O que fazer? Sugerir ao oponente consultar seu superior hierárquico. Mas, há o risco da perda de tempo e de não se conseguir mais nada, ou então, de o consultado reforçar a autonomia de quem está negociando.

Retirada aparente

Essa tática é usada por quem se declara desinteressado em continuar negociando, geralmente a pessoa diz: "Dessa maneira não dá para continuar a conversa". Entretanto, mesmo tendo falado isso, continua sentada e conversando.

O que fazer? Não insistir, não provocar, não desdenhar. Continuar conversando sobre outros temas até retornar à questão-alvo, apresentando alternativas para o acordo.

Drible

É a tática utilizada para dar a impressão de que se quer uma coisa, quando se quer outra. Por exemplo, demonstrar interesse pela casa A quando se deseja comprar a casa B. Dizer que quer desconto, quando, na realidade, quer mais prazo para o pagamento, antecipação da data de entrega, ou ainda, o interesse por um serviço adicional gratuito.

O que fazer? Jogar com o tempo, conduzir a conversa e ir perguntando até que fique claro o que é realmente importante para o outro e, depois de descobrir o real interesse, partir para o fechamento.

"Bom sujeito" e "mau sujeito"

O mau sujeito joga duro, enquanto que o bom sujeito faz o papel do bom moço demonstrando que quer facilitar as coisas.

O que fazer? O negociador deve cuidar-se para não cair no jogo. O comportamento do "bom sujeito", que aparentemente favorece as coisas, pode arruinar a negociação. Não existe ingenuidade dos oponentes: eles planejaram agir dessa maneira para confundir e conseguir o que querem. O negociador também pode ter o seu "mau sujeito" (o chefe, por exemplo) que, mesmo não estando presente à mesa, pode ser lembrado como alguém que faz muitas exigências e, se envolvido, pode dificultar ainda mais o acordo.

Fato consumado

É uma tática utilizada para conseguir alguma vantagem adicional. Uma das partes tenta "incluir algo" naquilo que tinha sido combinado, como por exemplo, colocar no contrato um "pequeno detalhe" ou uma cláusula não discutida em reunião. Como já se investiu muito tempo nas reuniões, a parte que envia a minuta do contrato acredita que a outra irá assinar para não precisar discutir tudo novamente, o que representaria perda de tempo. Outro exemplo: o mecânico faz o serviço, mas, ao entregar o veículo, tenta cobrar um valor superior ao preço combinado dizendo que foi necessário substituir outra peça não prevista no orçamento.

O que fazer? Deixar claro que aquele determinado item "não estava no acordo". Reafirmar os itens combinados e usar a tática da reversão.

Reversão

É a tática de reverter a situação para a maneira que mais interessa ao negociador.

O que fazer? Colocar as coisas no seu devido lugar, demonstrar a disposição de honrar só o que foi combinado, agir de maneira oposta à esperada pela outra parte.

Manobra do ausente

É uma tática utilizada por alguém que deverá tomar a decisão final e está ausente. Faz isso para levar o outro lado a esperar mais e para enfraquecê-lo, principalmente, se tem pressa. Como ninguém sabe ao certo quando quem decide voltará, espera-se a capitulação do outro negociador.

O que fazer? Para evitar a manobra do ausente, o negociador deve assegurar-se de que quem tomará a decisão final participe das reuniões ou que nomeie um representante que possa falar em seu nome.

Otimização

É a tática para comprar só os itens mais baratos. É utilizada pelo comprador que procura fracionar o pedido para forçar o vendedor a baixar o preço dos itens mais caros.

O que fazer? Criar a proposta de tal forma que um item esteja vinculado ao outro (mas que não seja, nem aparente ser, venda casada). O vendedor atacadista pode dizer ao varejista: "Neste mês, nesses 3 itens, não temos como competir no preço. É melhor o senhor deixá-los fora da relação dos produtos que for comprar". Muitas vezes, o comprador poderá acabar incluindo os itens mais caros para não ter que perder tempo com outro fornecedor.

Pechincha ou mordida

É a tática de regatear e obter uma vantagem a mais. Todos sabem que o valor e as condições de uma proposta têm certa "gordura" e que, portanto, dá para regatear. Compradores "mordem" quando dizem "você tem que fazer um preço melhor", ou quando, acenando com a compra, postergam a data dos pagamentos para obter descontos, entregas parceladas ou esquemas especiais de devolução.

O que fazer? Prever no planejamento e incluir no preço um valor acima (se estiver vendendo) para poder barganhar. Demonstrar que quem paga menos, ou tem ofertas melhores da concorrência, pode estar perdendo em qualidade do produto e em serviços. Neutralizar a pechincha, defendendo a proposta com persistência. Resistir. Jogar com o tempo. Fazer uma "pequena concessão", mas, quando chegar no limite, dizer "não" com firmeza.

Acréscimo

É a tática do aumento das exigências usada para ganhar mais. Mesmo depois de a outra parte já ter concordado com a proposta, o negociador diz: "Como lhe falei, em condições normais, meu preço é de R$ 30.000,00 pela pintura de uma casa com essa metragem e para fazer o serviço em trinta dias; mas, como o senhor está solicitando que eu conclua o serviço em 15 dias, precisarei aumentar o preço em 30%, pois isso acarretará a contratação de 2 ajudantes e o pagamento de horas extras para os funcionários".

O que fazer? Reverter. O comprador do serviço pode dizer: "Se o senhor não mantiver o preço já revelado, não poderei contratar o serviço!". Agindo assim, talvez, o fornecedor possa ampliar um pouco a data para a conclusão do serviço e o acordo seja fechado. Mas, o fornecedor também pode insistir na nova "exigência", considerando que as condições da proposta mudaram e muito.

Subtração

É a tática pela qual o negociador vai aos poucos "retirando" coisas já agregadas ao produto/serviço ou da proposta de negócio, para levar a outra parte a perceber o valor do que está adquirindo e preferir pagar pelo produto todo. Quando o cliente quiser baixar o preço do apartamento que está comprando, o corretor pode dizer: "É possível, desde que o senhor aceite um dos apartamentos da face norte do edifício" (se os da face sul estiverem mais valorizados).

O que fazer: Reverter. O negociador que for alvo da tática da subtração pode dizer: "Se o senhor não puder me entregar o que eu quero, prefiro abdicar do negócio; o que o senhor propõe mantendo a configuração da proposta inicial?".

Como você vê, existem muitas táticas à sua disposição. São essas táticas mais a técnica das concessões, que lhe favorecem mobilizar-se com segurança e que provocam a mobilização do oponente nos debates. Durante as conversações, é importante que você demonstre à outra parte que é flexível, mas não se esqueça dos objetivos. Deixe transparecer por meio de suas atitudes que busca o acordo, não a vitória.

Capítulo 13

Não fale tudo o que pensa

O uso apropriado das palavras impressiona e confere poder na negociação. Palavras e argumentos expressam pensamentos, reafirmam princípios e valores pessoais, transmitem confiança e convencem. Elas podem transformar opiniões e a visão das situações, criando sensações e encaminhando soluções. As falas do negociador, os argumentos que apresentar na conversação, bem como as perguntas que dirigir ao oponente, visam a provocar mudanças na maneira como o interlocutor vê os fatos, as questões e as possibilidades de solução.

O negociador quando fala defende ideias, informa, descreve, exemplifica, discute, influencia, pergunta, propõe, argumenta, contra-argumenta, provoca, convence. Em negociação não se fala tudo o que se pensa, mas fala-se para levar o outro a mudar o rumo do seu raciocínio: fala-se para fazer pensar. As alternativas em negociação são "pensar para falar" e "falar para pensar". Pensando para falar, o negociador preserva informações e resguarda-se; falando para pensar, dirige o pensamento do interlocutor para os temas mais convenientes em função dos objetivos da negociação.

Negociar é, fundamentalmente, uma atividade do pensamento. Nas conversações, o negociador usa sua capacidade de reflexão apoiando-a no pensamento imaginativo, divergente, metafórico, não linear. Correlaciona as informações que reuniu no planejamento com as que recebe à mesa e, considerando as circunstâncias e usando sua visão de contexto, replaneja mentalmente sua argumentação. Faz isso, após analisar, investigar e vislumbrar as melhores possibilidades. Isso demanda um grande exercício de imaginação e criatividade, de autonomia pessoal e iniciativa. Para tanto, considera a lógica dos fatos e utiliza-se do raciocínio estratégico.

Raciocínio estratégico

Muitas pessoas usam apenas o raciocínio dualista. Elas têm uma forte tendência para considerar as ideias nos moldes do bem ou do mal, do bom ou do ruim, verdadeiro ou falso, ganho ou perda. O raciocínio dualista é um empecilho na negociação porque considera somente tese e antítese, nunca uma terceira possibilidade que pode ser a combinação dessas duas (lembre-se do exemplo da "divisão da laranja").

O raciocínio estratégico está ligado à argúcia e à imaginação. A engenhosidade do raciocínio estratégico leva o negociador a aproveitar oportunidades. Quando percebe uma vantagem real, ele se move em direção a ela; mas, se perceber um risco iminente, esquiva-se, rapidamente, e procura novas maneiras de posicionar-se no debate. Essa modalidade de pensar permite que o negociador trabalhe com as informações relevantes e não negligencie nenhum detalhe importante que favoreça a sua argumentação.

O raciocínio estratégico combina uma série de variáveis. Na fase do planejamento, a análise da situação constitui o ponto de partida. Nessa etapa, você deve levar em conta os problemas, os fatos, as circunstâncias e as tendências. Pensar no que pode ganhar e o que poderá perder. À mesa, na fase das conversações, utilize sua imaginação e a capacidade de síntese. Para ser eficaz durante os debates, você deve pensar: "Falo agora ou falo depois?; este argumento, neste momento, vai reforçar minha posição ou pode enfraquecê-la?; abro o jogo fazendo uma proposição ou aguardo que o oponente se manifeste?; o que eu perderia caso pressionasse mais, essa atitude colocaria meu oponente na defensiva?".

Quanto maior for a sua capacidade de abstração para usar o raciocínio estratégico, melhor será o seu senso crítico. Com ele, você analisa os fatos e as informações, avalia o contexto do negócio e identifica a essência do problema. Depois de fazer a síntese de tudo, só então!, você tomará decisões. Sempre com foco nos objetivos, visão holística e usando o raciocínio estratégico, você poderá avaliar não apenas o que é real pelas evidências, mas passará a imaginar as repercussões das decisões que poderá tomar.

Principais variáveis do raciocínio estratégico na negociação:

- Os meus objetivos
- Os objetivos da outra parte
- O contexto da negociação
- A postura do outro negociador
- Os antecedentes do relacionamento
- O que foi acordado em negociações anteriores
- As exigências e as concessões que as partes estão fazendo
- As consequências que podem decorrer da implementação do acordo
- As implicações e repercussões do acordo no futuro do relacionamento
- O que ambos podem ganhar (e o que podem perder) fechando o acordo
- Os benefícios imediatos (curto prazo) e mediatos (médio e longo prazos)
- As repercussões que provocará nos negócios com outros interlocutores
- As repercussões nas futuras negociações (o que pode ajudar/atrapalhar)
- As "reações" dos concorrentes e as mudanças que podem vir do mercado

Operando no Brasil há décadas, uma grande corporação multinacional decidiu abrir uma nova fábrica. Ela deveria estar localizada no interior do estado de São Paulo, próxima a uma rodovia de fácil e rápido acesso à capital e não muito distante do porto de Santos. Seus executivos investiram muitos dias no levantamento das informações relativas às regiões possíveis, na identificação da disponibilidade de mão de obra, na descoberta de prefeituras que oferecessem isenções de impostos municipais e no custo total do investimento. Aprovado o projeto pela matriz, eles partiram para adquirir um terreno de grande dimensão no distrito industrial da cidade escolhida.

Em contado com o corretor de imóveis, os compradores da corporação perceberam que ele tentava convencê-los de que o melhor terreno estava situado na face norte daquela área. Motivos: já existia asfalto na via de acesso, linha de eletricidade, esgoto, água encanada e, também, já havia outras indústrias ali instaladas. Além disso, o terreno norte ficava situado em uma pequena elevação, o que permitia uma "vista magnífica" da região e facilidade de tráfego para caminhões pesados em função de a via ser mais larga naquela parte do loteamento.

O corretor enaltecia o terreno do lado norte (mais caro) e desvalorizava o da face sul "porque não lhe parecia conveniente para fábricas de grande porte". Os compradores, "concordando" com o vendedor, demonstraram sutil interesse pelo terreno da área sul, mas começaram a "negociar" o terreno do lado norte. Depois de o vendedor ter-se esforçado muito para valorizar o lote que pretendia vender, sempre comparando e desvalorizando o terreno do lado sul, os compradores num lance rápido, em um verdadeiro drible, inclinaram-se, definitivamente, para o lote do sul, e o compraram por um valor 30% inferior, com ótimas condições de parcelamento, aproveitando as facilidades que já tinham angariado "negociando o terreno que não queriam".

Como era do interesse da empresa, a edificação da fábrica ocorreu em um curto período de tempo. A prefeitura local concedeu isenção de impostos por 10 anos e fez as obras de infraestrutura em tempo recorde. Em poucos meses, a fábrica estava instalada e funcionando plenamente. Provavelmente, aquele corretor de imóveis terá mais cautela nas próximas negociações. Ele não considerou que os compradores pudessem ter uma "agenda oculta" (interesse não declarado). Enquanto o vendedor argumentava a favor do seu interesse (comissão mais alta), os compradores pensavam estrategicamente em como conseguir o que queriam pagando menos, em melhores condições.

Argumentação

O bom negociador, ao argumentar, não pretende vencer o outro, mas sim, convencer (vencer junto) com um diálogo criativo. Procura conhecer, antecipadamente, seu interlocutor e, nos debates, não considera apenas as ideias do oponente, mas identifica, também, seus sentimentos, suas atitudes, seus valores pessoais e até suas emoções. Saiba, leitor, que a sua argumentação será tão mais convincente quanto melhor você entender e considerar a natureza da pessoa com quem está negociando. Lembre-se de que para sensibilizá-la deverá apresentar argumentos que estejam em consonância com as expectativas dela.

Argumentos brilhantes não são convincentes se estiverem em dissonância com os pensamentos e os sentimentos do interlocutor. Por isso, é importante que você conheça muito sobre a natureza humana e imagine como sua mensagem será recebida pelo oponente com quem estará negociando. Sendo a negociação um processo dinâmico, os argumentos ou contra-argumentos, as perguntas ou respostas, as propostas ou contrapropostas, que você fizer, devem respeitar o princípio: "fale considerando o universo de referências do ouvinte".

Os autores All Ries e Jack Trout, no livro *Posicionamento – como a mídia faz sua cabeça*[24], apresentam algumas ideias que podemos aproveitar para compreender a natureza das pessoas. Eles afirmaram que "milhões de dólares têm sido desperdiçados na tentativa de mudar (persuadir) a mente dos clientes e consumidores pela propaganda e mensagens promocionais. Mas, uma vez que a mente está formada, é quase impossível modificá-la. Por essa razão, a primeira coisa que você precisa fazer para fixar sua mensagem, de forma indelével na mente de alguém, não é criar a mensagem, é conhecer a mente!". Por analogia, podemos entender que, nas negociações, conhecer o interlocutor e perceber suas motivações, pode ser determinante para que possamos argumentar com eficácia.

Para levar o oponente a perceber benefícios nas proposições que fizer use "mensagens rápidas", elas funcionam melhor do que discorrer longamente e explicar demais. Colocações rápidas e mensagens diretas são mais convincentes porque demonstram o desejo de esclarecer, não de convencer. Isso vale também para responder às perguntas do oponente. Usando mensagens rápidas na conversação você "fala para informar, não para convencer". Dessa maneira você se tornará mais persuasivo nos debates sem a necessidade de impor suas ideias e afirmações.

Sempre há perigos na argumentação: falar demais, concentração excessiva nos próprios interesses, passar imagem de superioridade. Por essas razões, o negociador deve evitar ser tendencioso apegando-se demais às suas ideias e opiniões,

---

24 Ries, Al & Trout, Jack. *Posicionamento – como a mídia faz sua cabeça*. São Paulo: Ed. Pioneira, 1.987, p. 5 e 15

isso pode provocar resistência do ouvinte. Uma forte convicção que você possui sobre determinada ideia, pode fazê-lo salientar demais os argumentos para sustentá-la: isso pode levar o ouvinte a rejeitá-la, mesmo se estivesse disposto a concordar. Lembre-se de que a argumentação não deve ser usada para impressionar o interlocutor ou para salvaguardar sua própria autoestima, ela será, sutilmente, mais persuasiva quanto menos você demonstrar ansiedade e desejo de convencer.

Estimular o "encontro das mentes"

Quem diz "viaje para a Itália" estará comunicando a ideia de chegar àquele país. Mas se reconstruir a frase dizendo "aproveite o verão italiano", vai gerar na mente do ouvinte as ideias de prazer, entretenimento, lazer, felicidade, novas descobertas, conhecimento... Da mesma maneira que a propaganda e a publicidade criam "imagens mentais" para fazer com que as pessoas comprem produtos e serviços, o negociador pode também usá-las para sensibilizar o oponente e conduzi-lo à aceitação dos argumentos que apresenta.

Se um vendedor disser: "Esta característica é nova", essa frase pouco efeito terá na mente do cliente potencial. Mas se ele disser "Esta nova característica poderá ajudá-lo a...", essa frase favorece uma imagem mental de utilidade e de valor do produto pelo cliente. Essas "imagens mentais" são criadas quando o negociador apresenta argumentos centrados nas expectativas do ouvinte. Um pintor não expressa na tela apenas o que vê, ele quer levar o apreciador de sua arte a ver além da pintura. Da mesma maneira, o negociador deve fazer uso de argumentos que impressionem e sensibilizem o interlocutor, para que este veja ganhos e não perdas, benefícios e não prejuízos, facilidade e segurança e não riscos ou problemas. Centrando a comunicação no ouvinte, as palavras do negociador irão ao encontro da mente dele e causarão maior impacto.

Para centrar a comunicação na pessoa do ouvinte (encontro das mentes), você pode fazer uso da paráfrase. "Parafrasear" ou "refrasear" é repetir o que o interlocutor falou, não com as mesmas palavras dele, mas com as suas próprias palavras. Com isso, você confirma que o ouviu com atenção e entendeu sua comunicação. Refraseando o interlocutor, você ameniza a tendência de discordância em assuntos delicados e, também, favorece a aceitação pessoal entre ambos. Mas isso não basta, é necessário que, ao mesmo tempo em que faz uso da paráfrase, você seja assertivo, apresente argumentos, dê a sua opinião e demonstre a concordância ou não concordância da colocação do oponente.

Para usar a paráfrase, é necessário em primeiro lugar repetir o que o interlocutor disse, depois acrescentar uma pergunta e, dependendo da resposta, usar um argumento para superar a objeção ou resistência dele. Por exemplo: "O senhor disse que é caro (repetindo o que o outro falou), por que razão pensa assim?" – (perguntando para entender a razão do oponente) – então, só depois de ouvir a resposta do interlocutor, é que você argumenta para superar o motivo da objeção. Seguindo essa sequencia, você consegue amenizar opiniões contrárias e até discordâncias.

Outra maneira de aproximar-se da mente do oponente, durante as conversações, é utilizar a comunicação positiva. Diga "concordo com o que o senhor disse antes", ao invés de dizer "não concordo com o que o senhor está dizendo (agora)". A primeira frase, por ser positiva, aproxima; a segunda, por ser negativa, distancia. O que você disser (seus argumentos), como falar (a entonação que der ao que diz), a circunstância em que faz suas colocações (uso do fator tempo), bem como a sua postura (ética, respeito, consideração) é tudo o que você precisa para influenciar seu interlocutor. Em síntese, interagir com o outro negociador envolve: o conteúdo (o que se diz), a forma (como se diz), além, é claro, o momento (quando se diz).

Procure usar a comunicação positiva. É sempre melhor dizer "o que pode" em vez de dizer "o que não pode" ser feito. Na negociação, procure valorizar os aspectos de interesse comum, "proponha alternativas" em vez de apenas apresentar ideias. Nunca faça colocações do tipo "questão fechada", elas não permitem flexibilizar. Demonstre para o outro que ouve com interesse o que ele fala, mas mude o rumo da conversa sempre que os argumentos que ele usa possam favorecer somente o lado dele. Diante de uma grande divergência, solicite tempo para analisar a questão.

Argumentando, apresente dados estatísticos e informações que possam ser comprovadas, mas guarde sempre as informações importantes para usar no momento oportuno. Use com sutileza a técnica das perguntas, mas faça perguntas relevantes, aquelas que direcionam os debates para o objetivo da conversa. Preste atenção a tudo o que ocorre na conversação, faça uso de toda a sua capacidade de concentração e não perca detalhes ou sinais importantes. Falando com o interlocutor evite demonstrar erudição; comunique com simplicidade suas ideias.

O quadro abaixo correlaciona atitudes e comportamentos que o negociador "deve evitar" e o que ele "pode/deve fazer" para conduzir com eficácia as conversações, tendo em vista a qualidade do relacionamento e os resultados que almeja:

O que evitar — O que fazer

O que evitar	O que fazer
Excesso de preocupação com o relacionamento	*Combinar as ações táticas com a qualidade do relacionamento*
Improvisação	*Prever possíveis reações e objeções*
Concentração nas fraquezas do outro	*"Explorar" as forças do outro e fazer com que ele trabalhe pelos objetivos*
Dizer "eu" na maior parte do tempo	*Dizer "nós", sempre que possível*
Segurança máxima, detalhismo	*Detalhar só o que for necessário*
Baixa flexibilidade	*Superar situações conflituosas*
Desrespeito à lógica do outro	*Demonstrar capacidade de "conviver com a verdade"*
"Tirar o outro do ar"	*Escutar tudo com atenção e interesse*
Preocupação com os próprios interesses	*Demonstrar que deseja solucionar os problemas mútuos*
Imediatismo	*Visão de longo prazo*
Controlar o outro	*Harmonizar o relacionamento*
Atribuir culpa	*"Dividir" responsabilidades*
Margem estreita, concessões muito pequenas	*Demonstrar que as concessões dependem da equidade*
"Ir com muita sede ao pote"	*Usar o tempo como aliado*
"Aconselhar"	*Perguntar – sugerir*
Falta de controle dos resultados	*Definir ações subsequentes: quem faz o que, em qual prazo*

Capítulo 14

Aja como um detetive: faça perguntas e siga as pistas

O apresentador de *talk show* na televisão norte-americana Larry King, que já entrevistou mais de cinquenta mil personalidades, disse: "Jamais aprendi alguma coisa enquanto estava falando"[25]. Como entrevistador, ele está apto a perguntar e, pelo que afirmou, demonstra disponibilidade para ouvir as respostas. Da mesma forma, você, como negociador, deve estar preparado para perguntar e para escutar seu interlocutor. Ao fazer o outro falar, além de conseguir informações e aumentar seu poder de barganha, você perceberá como ele se mobiliza durante a conversação.

As perguntas apontam para a frente, permitem avanço. Transformam o desconhecido em conhecido, abrem caminho para o diálogo e representam

---

25 * http://www.webfrases.com/mostrar_frases.php?id_frases=5 - Consulta em 09/11/2.012

boa possibilidade de explorar em profundidade os temas em debate. Perguntas, mais do que afirmações, tornam a conversação interessante e produtiva. Perguntando você preservará seus argumentos e, enquanto ouve as respostas, não falando, poderá checar a veracidade das informações que recebe. Quando pergunta, você não usa o seu cérebro apenas, usa o do outro também.

Perguntando você ajuda o oponente a refletir e, às vezes, até a dar forma ao pensamento dele. As respostas que ele apresenta podem confirmar informações e abrir espaços para novas proposições. Ao escutar as respostas do outro, você compreenderá como ele vê a situação e poderá verificar se há coerência no que ele diz. Talvez você possa até perceber intenções e imaginar os movimentos que ele está prestes a fazer. Por isso, pergunte. Pergunte mais. Perguntas são melhores do que afirmações; com elas você interage melhor e pode provocar *insights* (rápida compreensão) para determinados aspectos do debate.

Mas, perguntas podem gerar resistência, se o perguntado sentir-se invadido ou se pressentir que pode ser alvo de manipulação. Portanto, é necessário saber perguntar. Lembre-se de que há perguntas que desafiam e perguntas que estimulam. Se a sua pergunta for recebida como uma crítica, ela terá efeito negativo. Ao perguntar, tenha o cuidado de não transformar a entrevista em interrogatório que intimide o perguntado: isso poderia provocar uma reação hostil. Para inquirir o interlocutor, preocupe-se com a formulação das perguntas e com a inflexão que dá a elas. Use perguntas curtas: elas funcionam melhor. Pergunte somente aquilo que o interlocutor apresenta potencial e está apto a responder. Nunca exerça excessiva pressão com as perguntas que faz.

Perguntas representam uma verdadeira fonte de poder na negociação. Se feitas de maneira amistosa, quando se referem ao contexto e ao objetivo do negócio, e se apropriadas, as perguntas favorecem a harmonia, facilitam o entendimento e a conexão mental e emocional entre os interlocutores. Mas elas nunca devem conter juízos de valor sobre a pessoa do perguntado. Entretanto, saber perguntar não é o bastante. Depois que terminar de formular a pergunta, você passará para a condição de escutar a resposta. Se escutar com atenção e demonstrar consideração pelo interlocutor, ele ficará mais inclinado a escutar e a respeitar também os argumentos que você apresentar.

Ao escutar a resposta, você deve manter uma postura neutra e passar a ideia "estou acompanhando o seu raciocínio e entendo o que está dizendo". Nunca demonstre uma atitude de "concordo plenamente" ou "discordo totalmente". Depois de ouvir a resposta a uma pergunta que fez, use algo dessa resposta para formular sua próxima pergunta. Vá criando um encadeamento de ideias. Assim, você trabalha os aspectos que mais lhe interessam e que darão maior relevância à conversação. Seja sutil em alguns momentos, em outros questione de maneira inesperada como fazem os detetives nos seriados policiais da TV que, ao se dirigirem ao suspeito, perguntam: "Se o senhor afirma que não estava na cena do crime, como sabe que a arma utilizada foi um revólver?".

Atento às respostas do oponente procure "ler nas entrelinhas" aquilo que ele não disse, mas deixou transparecer. Reflita, analise com cautela e indague se as respostas que ele dá são verdadeiras e confiáveis; não acredite integralmente no que ele diz. Em negociação, "saber formular as perguntas é 50% do que precisamos para entender o problema, os outros 50% têm relação com o duvidar das respostas"[26]. Passe mais tempo perguntando e escutando do que falando. Dê sinais de que está escutando com atenção, demonstre interesse sincero e use de "encorajamentos" para que o outro continue falando.

Reflita sobre a coerência do interlocutor e perceba para onde ele quer se dirigir, perguntando-se mentalmente: "Por que ele está falando isso?; o que quis dizer?; em que ele baseia suas ideias?; há outras informações implícitas no que ele falou?; ele está tentando distorcer o problema?; quais os pontos mais importantes?; existem evidências que apoiam seus argumentos?; suas respostas, quando justapostas, têm coerência?; ele está omitindo alguma coisa?; o que posso inferir pela maneira como deu a resposta?".

Você está utilizando bem sua habilidade de perguntar e de escutar as respostas do interlocutor? Para verificar, use essas perguntas: "Durante a negociação, eu faço perguntas relevantes?; escuto mais do que falo?; observo as reações do interlocutor?; percebo sinais de interesse?; procuro falar a linguagem do outro?; reajo bem diante de uma conversa que aborrece?; como reajo quando a conversa é interessante?; como supero as resistências e provocações do outro?; qual é a minha atitude frente ao 'não' do oponente?; demonstro que a melhor solução é a que atende aos dois lados?". Perguntar, ao invés de fazer afirmações, pode ser o meio mais eficiente de convencer as pessoas a aceitarem opiniões e a realizar negócios.

---

26 Hilsdorf, Carlos. Atitudes Vencedoras. São Paulo: Editora Senac, 2.003, p. 165.

Perguntas são úteis para:

- Interagir
- Desafiar
- Investigar
- Encorajar
- Esclarecer
- Fazer pensar
- Ganhar tempo
- Associar ideias
- Explorar detalhes
- Gerar cooperação
- Gerar aprendizado
- Levantar hipóteses
- Demonstrar aceitação
- Levar o outro a refletir
- Perceber o jogo do outro
- Levar o outro a se explicar
- Provocar o outro a falar mais
- Obter informações adicionais
- Encontrar soluções conjuntas
- Envolver e motivar o oponente
- Gerar reflexão e associar ideias
- Certificar que fomos bem entendidos
- Perceber até onde o outro pode chegar
- Conhecer ideias e opiniões do interlocutor
- Consolidar conceitos, ideias e informações
- Ajudar o interlocutor a esclarecer seus pensamentos
- Evitar que o negociador fale demais e que antecipe argumentos

Perguntas para utilizar na negociação:

Faça uso da "pergunta aberta" quando quiser solicitar pontos de vista ou se desejar que o oponente explane mais sobre o assunto: "De que forma a senhora pretende alavancar as vendas do produto X?". Se quiser evitar que o interlocutor divague sobre um ponto específico do assunto, use a "pergunta fechada": "O senhor pretende vender o produto Y?".

A "pergunta de esclarecimento" pode ser utilizada quando você deseja mais detalhes e informações sobre uma questão ou certos aspectos de um assunto. Ela serve também para levar o interlocutor afirmar sua posição, ou quando se pretende que ele reafirme opiniões e ideias, como por exemplo: "O que o senhor quer dizer com...?; Como viabilizar essa ideia na prática?". Use a "pergunta comparativa" para colher opiniões e sensações relativas a um fato ou acontecimento, para descobrir semelhanças e diferenças na opinião do outro, ou ainda quando quiser saber mais a respeito do desempenho de algo que o interlocutor possa fazer comparação: "Como o senhor compara o desempenho do equipamento X com o do Y?".

Quando quiser estimular o debate e continuar analisando determinado assunto, inicie as perguntas com "como" ou "o que". "Como podemos nos aprofundar nesse assunto?"; "O que podemos fazer para entender melhor esse aspecto?". Use a pergunta "por quê? para buscar mais informação e procurar motivos. Você poderá usá-la para confirmação e detalhamento de algum fato ou, informação, ou para que o perguntado manifeste e explique melhor sua opinião. A pergunta, introduzida com "por quê?" serve também para verificar se quem a responde está sendo sincero. Contudo, use-a com critério, de modo a expressar realmente o que está buscando, ou seja, informações, explicações, motivos. Muitos "por quês" numa mesma entrevista podem intimidar e colocar o perguntado sob pressão ou sob suspeita.

"Pergunta hipotética" serve para conjecturas, suposições. Deve ser utilizada para levar o outro à reflexão e para a descoberta de possíveis alternativas de solução. Perguntas hipotéticas, geralmente, recebem respostas provisórias, que podem ser confirmadas ou rejeitadas: "Como o senhor acha que seus funcionários se sentiriam se...?. Esse tipo de pergunta também pode ser utilizada com as expressões: "e se?" ou, "que tal"?

"Pergunta reflexiva" serve para que você explore atitudes e sentimentos do interlocutor. Em sua formulação não tente "adivinhar" os sentimentos do outro, mas procure identificar suas emoções nas entrelinhas: "Então, você acha que...?". Você poderá fazer uso da "pergunta conclusiva" quando quiser confirmar as razões de um relato ou afirmação, para um esclarecimento maior ou para impedir que o respondente disperse sua atenção do objetivo principal: "Então, o que você está dizendo é....?"; "O que aconteceu depois...?".

Perguntas que não devem ser feitas:

1) "Perguntas indutivas" são perguntas que pressupõem a resposta: "Quantas vezes sua empresa atrasou o pagamento no ano passado?". Quem faz esse tipo de pergunta declara, antecipadamente, que sabe que o outro ficou inadimplente; está apenas querendo confirmar quantas vezes isso ocorreu. É o tipo de pergunta perigosa por sua natureza provocativa. Quem faz a pergunta pretende que o outro diga o que está querendo ouvir.

2) "Perguntas duplas" são perguntas feitas ao mesmo tempo e interligadas por "ou" ou "e", porém elas confundem o interlocutor por obrigá-lo a optar por uma, levando o perguntador a fica sem saber qual das duas, de fato, foi respondida.

3) "Pergunta com resposta incluída" pressupõe a resposta que o perguntado daria: "É melhor não se envolver com esse projeto; todo mundo sabe que ele é de alto risco; você vai se comprometer com ele?".

4) A "pergunta que não exige resposta", como por exemplo, *O projeto já está totalmente concluído, não há mais necessidade de você se preocupar com ele, não é?* Esse tipo de pergunta é feita para que o perguntado concorde com ela, a não ser que este queira discordar e enfrentar o desagrado de quem perguntou.

5) "Bombardeio de perguntas" é a sucessão de perguntas jogadas contra o interlocutor e, geralmente, feitas em bloco: *Bem, por que não concluiu o relatório? Precisa de mais tempo para pensar? Será que eu não expliquei com clareza quando o solicitei? Quer que eu fale de novo? Não lhe ocorreu a importância da urgência?.* Outro exemplo: *Quando o contratei, você disse que tinha disponibilidade para viajar, não é mesmo?; Você tem carteira de motorista, não tem? Ela está com o exame médico em dia, não está? E se tivesse que sair ainda hoje? Poderia sair logo?*

Capacidade de escutar (ouvir ativamente)

Ouvir é perceber pelo sentido da audição, escutar é estar consciente do que o interlocutor diz e analisar o conteúdo de sua fala com espírito crítico. Escutar é uma habilidade que demanda interação, ou seja, é ouvir ativamente de maneira participativa. Saber escutar é quase responder. A grande maioria das pessoas não ouve (atenção), elas tampouco escutam (participação) os seus interlocutores. O jornalista Artur da Távola[27] afirmou que "As pessoas estão mais interessadas no que têm para falar". Ainda, segundo esse autor, elas não escutam porque:

- "ouvem o que gostariam de ouvir
- ouvem o que já ouviram antes
- ouvem aquilo que as emociona
- ouvem o que já pensavam a respeito do assunto
- ouvem apenas aqueles aspectos que têm conexão com seus pontos de vista
- ouvem o que imaginam que o interlocutor iria falar
- ouvem o que o interlocutor não está dizendo
- ouvem antecipando-se ao que o interlocutor ia dizer
- ouvem o que possa confirmar o grau de aceitação ou rejeição que seus preconceitos já estabeleceram
- não ouvem quando não há interesse ou estímulo."

O silêncio, a pausa, e os "encorajamentos"

Aquilo que não é falado, ainda pode ser dito depois, mas o que já se falou não volta atrás. Por isso, "O exercício do silêncio é tão importante quanto a prática da palavra"[28], disse o psicólogo e filósofo norte-americano William James (1842-1910). A pausa e o silêncio comunicam, muitas vezes, mais do que quando se fala. Se você faz uma pausa, isso gera "um silêncio constrangedor" que, seguramente, será quebrado pelo interlocutor.

---

27 * http://pensador.uol.com.br/frase/ODU5Mjg2/ - Consulta em 13/12/2.012
28 ** http://pt.wikiquote.org/wiki/William_James - Consulta em 13/12/2.012

Quando você se permite a um momento de silêncio, após a pergunta que fez ou logo após a resposta que ouve, demonstra estar "com" o interlocutor e pensando no que escutou. Dessa forma, torna evidente que está refletindo e que valoriza a resposta dele. O silêncio é também uma ótima atitude de não confrontação. Quando o oponente faz uma tentativa de se sobrepor, quando ataca agressivamente ou fala tentando manipular, o melhor que você pode fazer é usar o silêncio. Você ganhará poder não respondendo. Lembre-se de que muitas negociações fracassam porque alguém falou demais.

Os "encorajamentos" são estímulos verbais, não verbais, e expressões como: balançar a cabeça (em sinal positivo), um leve sorriso, erguer as sobrancelhas, ou simplesmente um "aha" ou "hummm", ou ainda "ah!". Esses sinais representam verdadeiros incentivos para que o outro continue falando, enriquecendo as respostas que dá e passando mais informações. Encorajamentos podem ser por meio de perguntas e de exclamações: "O que aconteceu depois?"; "Você pode explicar melhor?"; "Fale-me mais a respeito!"; "E então...?"; Entendo!"; "Ótimo!".

Como responder às perguntas do oponente

Você não deve responder caso não seja clara a pergunta que oponente fez. Talvez seja melhor pedir para repetir a pergunta. Há casos em que pode ser necessária uma resposta lacônica, como por exemplo: "Vou pensar...". Você pode responder parte da pergunta, usar o recurso de adiar a resposta ou pedir para o outro que esclareça a pergunta. Pode também usar o recurso de "responder a uma pergunta que não foi feita" ou, responder comentando só o aspecto da pergunta que quiser enfatizar.

Quando perguntado, o mais importante é controlar sua impulsividade, a tendência de responder de imediato. Se o oponente fizer uma pergunta com objetivo de intimidar, ou se você não quiser ou não puder responder, busque uma saída criativa. Que tal dizer, por exemplo: "Não tenho essa informação agora, vou pesquisar...". Assim deixará o outro negociador curioso para saber o por quê de você não ter respondido. Isso aumenta seu tempo para pensar, gera mais poder do seu lado e demonstra para o interlocutor que você está negociando com prudência.

Diante de perguntas do oponente, suas respostas não precisam ser, necessariamente, inteligentes. Uma resposta pode ser baseada em suposições:

"Suponho que o que ocorreu na ocasião foi..."; "eu penso que possa ser..."; "talvez tenha sido um fato isolado...". Quando conveniente, você pode dizer "não teve uma causa única"; "isso pode variar em função de..."; "vamos procurar ver dessa forma..."; "talvez existam razões que desconheço..."; "não me lembro"; "será que você considerou...?". Você pode também usar o recurso de responder formulando outra pergunta.

Capítulo 15

Perceba o estilo do outro negociador

As pessoas têm algo em comum, todas são diferentes

"Jamais negocie com desconhecidos". Esse provérbio, creditado aos árabes, alerta-nos para a importância de saber com quem se vai negociar. Não conhecer, não saber nada, ou saber pouco sobre o outro negociador, significa risco elevado, mas, você não será surpreendido se identificar o perfil do oponente. É sempre melhor conseguir isso antes da reunião. Mas se não for possível, observe com cuidado suas atitudes e seus comportamentos à mesa para identificar o estilo dele. Faça isso com o objetivo de adequar sua comunicação ao estilo dele, e para aumentar a possibilidade de êxito na conversação.

Diante da ideia de identificar o estilo de uma pessoa, surgem perguntas, como: O que é estilo; como podem ser identificados os estilos? Estilos, nas palavras de Allan Katcher, autor do livro *A importância de ser você mesmo*, "são padrões preferenciais de comportamento que se apresentam habitualmente relacionados a um tema central"[29]. Esse "tema central", ao qual o autor se refere, pode ser identificado pelo observador atento, porque os indivíduos revelam seu estilo por meio de seus comportamentos mais frequentes.

Para preservar sua identidade, cada pessoa comporta-se dentro de uma faixa de ações e reações decorrentes de sua maneira de ser e agir. Muitas de suas ações e reações são espontâneas, o que pode ser notado pelas suas expressões não verbais; outras são percebidas pelos comportamentos que ocorrem nas relações interpessoais que estabelece. O estilo de uma pessoa determina seu ritmo de vida, sua maneira de se comportar, seus hábitos e atitudes, o que acaba definindo um padrão de conduta.

"As aparências não enganam!"

Observando o interlocutor, seu modo de falar, sua gesticulação, seus maneirismos, a linguagem que usa e suas preocupações, você poderá identificar o estilo dele.

Embora não exista um estilo "puro", sempre há um estilo predominante - (pode haver combinação de dois ou mais estilos). Para entender melhor, vamos analisar os quatro estilos básicos. Básico é o estilo que mais se destaca no comportamento de uma pessoa. Um indivíduo pode ser (predominantemente) Meticuloso, Realizador, Expressivo ou Apoiador. Os "meticulosos" são detalhistas; os "realizadores" atuam para atingir resultados; os "expressivos" buscam o reconhecimento social; e os "apoiadores" gostam de prestar e receber ajuda (apoio).

Alguns indivíduos apresentam comportamentos mais "voltados para fazer coisas" (tarefas): são os meticulosos e os realizadores; outros são mais propensos para "estar em contato com pessoas" (relações): são os expressivos e os apoiadores. O fato de um indivíduo estar mais voltado para "tarefas" e o outro mais para as "relações", favorece certas inclinações para que cada um deles faça escolhas e comporte-se de determinada maneira. Isso quer dizer que a "maneira de ser" (a natureza da pessoa) e seus conhecimentos e vivências, princípios e valores, determina sua "maneira de agir" (comportamentos que podem ser percebidos e identificados pelo observador).

---

29 * Katcher, Allan. *A importância de ser você mesmo*. Tradução Cecília Whitaker Bergamini. São Paulo: Ed. Atlas, 1985 p. 43

Os meticulosos "são menos ativos na execução das tarefas"; os realizadores "mais ativos na produção dos resultados". Meticulosos são perfeccionistas; os realizadores atuam com projetos que envolvem muitas pessoas em busca de resultados grandiosos. Enquanto o indivíduo meticuloso esforça-se sozinho na produção da tarefa para a qual se dedica, o realizador usa sua capacidade de liderança e conduz pessoas e grupos para atingir resultados ambiciosos.

Os expressivos e apoiadores são os estilos voltados para "relações". O expressivo é uma pessoa que possui muitos amigos, o apoiador concentra-se em poucos relacionamentos, geralmente possui um(a) grande amigo(a) confidente. O indivíduo expressivo visa à quantidade das relações ("todos na empresa X são meus amigos!"); o apoiador prefere a qualidade do relacionamento ("tenho um grande amigo no departamento Y!").

Ao utilizar a metodologia dos estilos você poderá adequar sua comunicação ao receptor. Fazendo isso, suas mensagens serão bem recebidas porque "falará a linguagem dele". Com a metodologia, você não cria estereótipos mentais sobre o outro, e foge da tendência comum de rotular pessoas. Quem "rotula" o interlocutor, atribuindo-lhe um defeito ou dando-lhe um apelido, chamando-o, mesmo que mentalmente, de "chato", "arrogante", "indeciso", "pedante", "mala" etc., acaba por dificultar o relacionamento com ele. Rótulos e preconceitos levam à projeção de "defeitos" indesejáveis, muitas vezes irreais, no outro.

Os estilos:

Meticuloso
(voltado para tarefa, menos ativo)

Os indivíduos meticulosos têm necessidade de clareza na estruturação das ideias. Adotam uma abordagem cautelosa em tudo o que fazem e nunca tomam uma decisão sem uma base sólida de informações. São organizados e analíticos. Gostam de manter o que já conquistaram e de preservar as coisas que possuem. Eles têm necessidade de minimizar riscos e de detalhar as tarefas que vão fazer. Imaginam as consequências de seus atos, por isso, baseiam-se na lógica e na precaução.

Os meticulosos fazem a coisas de maneira ordenada e querem ter a certeza de que estão fazendo da melhor forma. São conservadores, não gostam de inovações e sentem muito desconforto quando as coisas estão em constante mudança. São percebidos como autocontrolados, fechados, pouco sociáveis e formais. Eles têm dificuldade de expressar sentimentos, por isso, aparentam ser pouco emotivos, distantes e até frios nos relacionamentos.

Meticulosos são coerentes. Gostam de ver que as coisas podem ser cuidadosamente analisadas e verificadas. Extremamente detalhistas, eles têm mania de ordem e perfeição e são presos a regras e regulamentos. Seguem procedimentos estabelecidos, enfatizam o tangível, valorizam as rotinas e os padrões já testados. Eles "têm" que fazer o trabalho bem feito e não admitem cometer erros. Fogem de conflitos: entre fazer uma coisa bem feita e uma muito bem feita, ficam com a última forma. Quando empregados, geralmente, recusam convite para uma promoção se imaginam que não poderão trabalhar com seu habitual sentido de excelência na execução das tarefas que já fazem.

Os indivíduos do estilo meticuloso apóiam-se nos fatos, na análise dos problemas e na busca de soluções de forma metódica. Demonstram rigidez em seus pontos de vista e devotam excessivo cuidado com a proteção do seu patrimônio. Gostam de consultar fontes de dados, estatísticas, relatórios. Sem referencial lógico, sentem-se perdidos. Meticulosos gostam de trabalhar dentro de diretrizes, preferem projetos e tarefas que tenham alguma semelhança com o que já fizeram anteriormente.

Meticulosos não gostam de reuniões sociais efusivas. De modo geral, são pessoas que apreciam ficar isoladas em seus afazeres e a solidão não é um grande problema para eles. São pontuais, nunca se atrasam para compromissos. Nas negociações, escondem o jogo, não dividem as informações relevantes que possuem. O indivíduo meticuloso é uma pessoa voltada para "tarefa", mas é percebido como "menos ativo" na execução das tarefas (se comparado com um realizador), porque seu preciosismo faz com que o resultado de seu trabalho seja acanhado, embora feito com perfeição e com os seus próprios recursos. Por essas razões, e por ser lento nas decisões, você não deve "pressionar" um meticuloso durante a negociação.

Características mais evidentes do meticuloso:

- Formal
- Lógico

- Retraído
- Metódico
- Ponderado
- Persistente
- Organizado
- Disciplinado
- Conservador
- Pouco emotivo
- Autocontrolado
- Pouco espontâneo
- Procura eliminar riscos
- Orienta-se por procedimentos
- Não toma iniciativas nas relações sociais
- Tendência para buscar e fornecer detalhes

Em condições de pressão (a negociação é uma delas), os meticulosos tornam-se: teimosos, obcecados, evasivos, rígidos, impessoais. Quando pressionados, sua tendência é fugir do foco ou do agente da pressão.

Realizador
(voltado para tarefa, mais ativo)

Os indivíduos realizadores são resolutos, autoconfiantes e gostam de "provar que é possível fazer". Querem estar no comando e no domínio das situações e das pessoas. Possuem um desejo intenso de promover resultados e fazer as coisas acontecerem. Eles querem ser vistos como competentes, por isso assumem muitas responsabilidades e enfrentam grandes desafios. São rápidos tanto na avaliação quanto na reação aos acontecimentos.

Os realizadores são empreendedores. Avaliam oportunidades e optam por atividades que estejam dentro de sua área de interesse. Suas ações são direcionadas para soluções. Têm muita iniciativa, boa visão de médio e longo prazos e sempre mantêm o foco quando tomam decisões, geralmente estratégicas. Os realizadores esperam desempenho elevado das pessoas e pressionam seus liderados para que apresentem resultados rapidamente.

Realizadores são competitivos, não desistem de seus projetos. Eles são assertivos, autoconfiantes, demonstram convicção nas afirmações e firmeza nas ações. Exercem liderança e controle sobre pessoas e grupos. Lutam, gostam de vencer e levar os outros a mudar de opinião. Gostam de inovações e buscam persuadir os outros sobre a validade de suas ideias, por isso preferem lidar com os indivíduos que, como ele, enfrentam desafios.

Em decorrência do seu senso de urgência, os realizadores são impacientes. Ao mesmo tempo, eles têm uma grande noção do tempo para atingir seus objetivos e os projetos que querem realizar. São diretos, enérgicos e, extremamente, exigentes com a atuação dos membros de sua equipe, encorajando-os a assumir riscos e a enfrentar desafios. Como esperam retorno rápido das pessoas e dos grupos, procuram modificar e confrontar as pessoas. Quando focam com muita determinação suas opções, além de exercer dominação, tornam-se autoritários.

Realizadores gostam de ser desafiados para a solução de problemas difíceis, não rotineiros. Quando desafiados pela competição, eventos ou situações de alto risco eles gostam de mostrar que estão no comando. Sentem grande prazer em dominar novas habilidades. Detestam sentirem-se tolhidos pelos outros ou pelas circunstâncias. Realizadores gostam de debater pontos de vista com quem tem opiniões claras e que domina as informações que transmite, por isso apreciam pessoas que dizem as coisas diretamente sem rodeios. Não gostam de submissão passiva, preferem que o convençam pelo mérito dos argumentos e pelas ideias que apresentam.

Realizadores são desafiadores e dominantes. Na maioria das ocasiões, não demonstram nem compartilham seus sentimentos com os outros e, muitas vezes, fazem pré-julgamentos. Os realizadores são pessoas voltadas para "tarefa" e são percebidos como "mais ativos" porque, de modo geral, não executam as tarefas com as próprias mãos, mas contam com a força dos outros. Eles anseiam por ascensão e progresso pessoal. Sua necessidade de realização é tão intensa que, muitas vezes, são capazes de conduzir vários grupos ao mesmo tempo.

Para ser bem-sucedido na negociação com um realizador, você deve mostrar-lhe como suas proposições contribuem para que ele atinja rapidamente seus objetivos.

Características mais evidentes do realizador:

- Rápido
- Prático
- Objetivo
- Impaciente
- Dominante
- Autoconfiante
- Busca resultados
- Gosta de desafios
- Expressa liderança
- Tem muita iniciativa
- É exigente com os outros
- Estabelece objetivos grandiosos

Em condições de pressão, os realizadores tornam-se: egocêntricos, arrogantes, dominadores, autocratas, enérgicos, coercitivos, superconfiantes e, excessivamente, exigente com os outros.

Expressivo
(voltado para "relações", mais ativo)

Os indivíduos expressivos gostam de ser apreciados e admirados, buscam o reconhecimento. Há, neles, um desejo intenso de estar em evidência, de atingir notoriedade e criar reputação. Investem tempo na rede de relacionamentos, agindo com tato e de maneira política com os outros. Gostam de fazer amizades e de compreender a natureza das pessoas. Expressivos, são dotados de grande sensibilidade e possuem muita habilidade social. Parecem conhecer todo mundo. Vivem "ligados" nas pessoas e comunicam-se de forma a chamar para si próprios a atenção favorável dos outros.

Os expressivos geralmente são entusiastas, isso faz deles pessoas valorizadas nos grupos. São espirituosos, bem-humorados, apreciam novidades e estão ligados a tudo o que acontece. Exercem sua criatividade e gostam de lançar "balões de ensaio" sobre ideias novas. Gostam de demonstrar sua importância frente aos demais, por isso usam muito o seu charme pessoal e, com frequência, lançam suas "tiradas" engraçadas.

Expressivos detestam a solidão e os trabalhos repetitivos. Fogem de ambientes formais e do isolamento. É muito agradável para eles o tempo que passam com outras pessoas, gostam de exercer suas habilidades sociais contatando pessoas, criando eventos sociais, reunindo gente. Expressivos são indisciplinados em relação ao tempo, perdem facilmente a noção da hora. Eles gostam de ser reconhecidos como "ótimos" e "únicos" e esperam sempre pelo reconhecimento e pelo "aplauso" dos outros.

Expressivos estão constantemente "vendendo a si mesmos". São espontâneos, brincalhões, sonhadores, impulsivos, calorosos. Agem como se fossem superficiais (no sentido de não "ir a fundo" nos problemas) e, muitas vezes, como se tivessem objetivos "irreais". Improvisam muito quando se comunicam e orientam suas ideias e planos para o futuro. São flexíveis e apreciam a negociação, mas podem não cumprir o que prometem. Para lidar bem com um expressivo, você nunca deve se referir ao passado e, sim, apresentar uma visão "futurista" das soluções que propõe para o acordo.

Características mais evidentes do expressivo:

- Intuição
- Sedução
- Jovialidade
- Entusiasmo
- Desinibição
- Cordialidade
- Dramaticidade
- Calor humano
- Espirituosidade
- Tato no relacionamento
- Busca de reconhecimento
- Indisciplinado em relação ao tempo
- Procura negociar diante de conflitos

- Grande capacidade de improvisação
- Pode fazer brincadeiras inconvenientes

Em condições de pressão, os expressivos tornam-se: exaltados, irreverentes, inconvenientes, inconstantes, instáveis e atacam verbalmente os outros.

Apoiador
(voltado para "relações", menos ativo)

Apoiadores são pessoas amáveis, generosas, de fácil trato. São afetivos e, usualmente, demonstram muita lealdade nos relacionamentos. São modestos em relação às suas capacidades e estão sempre dispostos a ajudar as pessoas. Anseiam por merecer respeito e por dar e receber apoio. Esperam pela boa vontade e compreensão e creem que recompensas virão por sua manifestação de honestidade e afeição. Demonstram desejo de acreditar na dignidade dos outros e tendem a confiar na palavra das pessoas.

Apoiadores preocupam-se com as necessidades e expectativas dos outros e procuram atendê-las de forma justa. Gostam de fazer o que lhes é solicitado e, geralmente, fazem tudo dentro de padrões de integridade. Eles se dedicam aos outros, são extremamente empáticos, escutam e dão muita atenção ao interlocutor. Quando conversam, geralmente, aceitam aquilo que consideram legítimo na argumentação do interlocutor.

Os apoiadores são altruístas. Encorajam as ações alheias e gostam de ajudar no crescimento e na evolução dos outros. Apreciam tratar bem os demais e gostam de ser tratados com sinceridade dentro de um clima de seriedade e respeito. Promovem a harmonia e procuram compreender e oferecer ajuda. Consultam os outros e gostam de ser consultados. Buscam afeição e consideração. Fogem do confronto e dos conflitos de relacionamento. Apoiadores têm muita dificuldade de dizer "não" e, por estar sempre dispostos a atender as necessidades alheias, podem se tornar superprotetores.

Os apoiadores são seletivos na escolha das amizades e gostam de manter a qualidade nos relacionamentos que estabelecem. Sob pressão, tendem a renunciar a seus direitos e interesses, mas, quando fazem concessões fora de seu universo de referências, perdem o interesse na continuidade do relacionamento. Nessas situações, podem dar a impressão de submissão, enquanto, de forma oculta, podem sabotar o relacionamento. Diante de dificuldades, tendem a exagerar as situações como sendo mais problemáticas do que de fato são.

Apoiadores procuram minimizar conflitos interpessoais e estão sempre em busca do consenso. Não gostam de receber tratamento frio e impessoal. Quando recebem pouco reforço, sentem-se inseguros. Diante de problemas de relacionamento, tornam-se prolixos e incapazes de tomar decisões. Quando têm que conviver em ambientes no qual impera a falsidade, ou existam "panelinhas", eles procuram não se envolver.

Os indivíduos do estilo apoiador cumprem o que prometem. Gostam de atender aos apelos de ajuda e de prestar cooperação. Eles possuem um elevado senso de justiça e têm alta capacidade de adaptação. Fazem tudo para não magoar e são condescendentes com as pessoas. Para negociar bem com um apoiador, é necessário mostrar como as proposições que você faz trarão contribuições efetivas para ele, e como essas proposições podem ajudar as pessoas próximas a ele.

Características mais evidentes do apoiador:

- Discrição
- Altruísmo
- Diplomacia
- Encorajamento
- Tranquilidade
- Adaptabilidade
- Suscetibilidade
- Senso de justiça
- Condescendência
- Senso de lealdade
- Dedicação às pessoas
- Gosta de dar e obter apoio
- Evita riscos das decisões rápidas
- Sente-se inseguro com pouco reforço
- Gosta de construir relacionamentos de qualidade

Em condições de pressão, os apoiadores demonstram: passividade, dependência, insegurança, prolixidade, ingenuidade, tornam-se servis e submetem-se às pessoas e situações.

Como negociar com cada um dos estilos:

- Se o oponente for "meticuloso":

Planeje e organize-se. Dedique tempo à pesquisa e à coleta de dados. Tenha informações sobre a realidade macro do negócio. Não pressione. Apresente testemunhos de confiança. Tenha alternativas para análise.

- Se o oponente for "realizador":

Seja breve. Vá direto ao assunto. Dê espaço para ele expor suas opiniões. Fale sobre simplificações e racionalização. Mostre como ele pode se projetar, atingir metas e resultados, ganhar tempo e dinheiro, manter e aumentar seu *status*.

- Se o oponente for "expressivo":

Se estiver vendendo para ele, aproveite o entusiasmo dele. Fale de exclusividade e inovação. Mostre o todo e não entre em detalhes. "Trabalhe" as ideias de rapidez e facilidade relativas ao produto ou serviço. Demonstre reconhecer a importância dele no negócio. Deixe que ele tenha a sensação de que está conduzindo a conversação, mas traga-o de volta ao debate, sempre que necessário.

- Se o oponente for "apoiador":

Mostre que aprecia a sinceridade dele. Demonstre senso de justiça. Elimine qualquer possibilidade de conflito. Mostre-se receptivo às suas contribuições. Destaque os valores e interesses do grupo. Procure estabelecer um clima de entendimento. Mostre-se disposto a "fazer junto" e a "fornecer todo o apoio a decisão".

Considerações sobre os estilos

Não existe um estilo "puro". Sempre há a combinação de, no mínimo, dois estilos, por exemplo: apoiador/meticuloso; realizador/meticuloso - (o que está colocado em primeiro lugar é o estilo predominante). Não existe um estilo melhor, todos os estilos têm características positivas e negativas. Como exemplo, podemos identificar como negativo, no indivíduo meticuloso, seu "excesso de preocupação com detalhes", isso pode incomodar as pessoas que se relacionam com ele. Por outro lado, um indivíduo extremamente expressivo, por ser excessivamente sociável, acaba por "invadir as pessoas", o que pode fazer dele uma pessoa inconveniente em algumas circunstâncias.

Todas as pessoas podem "administrar" os aspectos negativos de seu estilo. Nos exemplos acima, o meticuloso deve procurar ser um pouco mais assertivo; o expressivo aprender a dominar sua impulsividade, concentrando-se no que fala e nas respostas que dá, em vez de permitir que elas sejam irrefletidas.

Pessoas de estilos semelhantes têm maior facilidade de relacionamento. Por serem "parecidas", precisam fazer menos "ajustes" quando se relacionam (zona de conforto). Entretanto, a convivência com estilos diferentes ou opostos, embora mais difícil, pode ser altamente enriquecedora, justamente pelo esforço de adaptação que se faz. Além disso, todos os estilos têm contribuições positivas a dar, têm diferentes formas de ver o mundo, diferentes habilidades, diferentes interesses. Essas diferenças enriquecem as relações.

Muitos são os autores que abordam a teoria dos estilos sociais. Para conhecimento do leitor, listo abaixo alguns autores com abordagens e denominações diferentes daquelas que utilizei aqui. Louis Laurent[30] refere-se aos estilos como: Racional, Autoritário, Eloquente, e Sedutor. Donald Sparks[31] fala em Restritivo, Controlador, Amigável, e Ardiloso. Luiz Augusto Costacurta Junqueira[32] denomina os estilos em Analítico, Controlador, Catalisador, e Apoiador. Giles Amado[33] denomina como Afirmação, Persuasão, Atração, e Ligação. Michael C. Donaldson[34] prefere chamá-los de: Intuitivos, Pensadores, Perceptores, Sensores. Allan Katcher[35], já citado no início deste capítulo, identifica os indivíduos e seus estilos como: aquele que "Mantém e conserva"; "Toma e controla"; "Adapta e negocia"; "Dá e apoia".

---

30   Laurent, Louis. *Como conduzir discussões e negociações*. São Paulo: Ed. Nobel, 1.991, p.55-6
31   Sparks, Donald B. *A dinâmica da negociação efetiva*: como ser bem-sucedido através de uma abordagem ganha-ganha. São Paulo: Ed. Nobel, 1.992, 12-4
32   Junqueira, Luiz Augusto Costacurta. *Negociação* – Tecnologia e Comportamento. Rio de janeiro: COP Editora, 1.986, p. 50-53
33   Amado, Gilles. *Como detectar o perfil do negociador e estilos de comportamento*. Tendências do Trabalho, 1.987 p. 12-4
34   Donaldson, Michael C. *Negociação para leigos*. Tradução Eder Sanches e Andréa Dorce. Rio de Janeiro: Ed. Alta Books, 2.012, p.104
35   Katcher, Allan. *A importância de ser você mesmo*. Tradução Cecília Whitaker Bergamini. São Paulo: Ed. Atlas, l985 p. 43-92

Adequando a comunicação ao estilo do oponente

A metodologia dos estilos não é um modelo infalível para identificar os comportamentos dos indivíduos, ela é um referencial. Não se trata de um modelo infalível porque o universo do comportamentos das pessoas é muito amplo e, além disso, a capacidade de percepção e interpretação do observador pode falhar. Entretanto, essa metodologia ajuda o negociador a focar a percepção e a desenvolver sua capacidade de observação. Ela permite identificar os traços mais marcantes do comportamento do interlocutor para que, com isso, o negociador possa adequar sua comunicação ao estilo do oponente, tornando-a mais efetiva. Adequando a comunicação ao estilo do interlocutor, ambos, negociador e oponente, comunicam-se em uma "zona de conforto".

Zona de conforto, no relacionamento interpessoal, é aquela área quando as pessoas entram em sintonia, distantes dos problemas provenientes de resistências, mal-entendidos ou incompreensões. Atuando na zona de conforto do oponente, você não precisará realizar muitos "ajustes" para harmonizar o relacionamento com ele. Para tanto, precisa usar uma linguagem que traduza os assuntos e temas da conversação em algo que diga respeito à natureza dele. Enfatizando, com seus argumentos, os aspectos que mais tenham a ver com o interlocutor, ele aceitará mais facilmente as proposições que fizer.

Se o oponente é um indivíduo meticuloso (analítico), a melhor maneira de reduzir a necessidade de ajuste na comunicação é fornecer "detalhes". Se o interlocutor for um realizador (objetivo), é melhor demonstrar como sua proposta contribuirá para os "resultados" que ele quer atingir. Negociando com um indivíduo expressivo (tem desejo de ser notado), procure dar o "reconhecimento e aplauso" que ele almeja. Se estiver diante de um apoiador (gosta de dar/receber ajuda), é melhor demonstrar como você pode contribuir e fornecer o "apoio" que ele espera receber. Quer esteja negociando um projeto, um produto ou serviço, uma ideia ou um plano de negócios, é identificando o estilo do outro que você percebe, com clareza, a importância de comunicar-se de maneira diferente com os diferentes estilos de pessoas.

Seria muito bom que você pudesse desenvolver sua percepção para "ler a outra pessoa como se ela fosse um livro". Infelizmente isso não é possível. Mas, conhecendo a metodologia dos estilos, você perceberá, pelos comportamentos do oponente, o estilo (predominante) dele. Sua observação, mesmo que não leve a uma constatação absolutamente fidedigna, terá um grau de aproximação suficiente para que possa adequar sua linguagem. Aos poucos, observando e analisando comportamentos de muitas pessoas, você se tornará um *expert* na identificação dos estilos. Perceberá, então, que está tirando grande proveito disso, que melhorou sua habilidade de interagir e que está sendo mais persuasivo.

Impacto recíproco do comportamento dos interlocutores

Você causa impactos socioemocionais e intelectuais no oponente. Impacto é a influência que a comunicação (e até a presença) de uma pessoa exerce sobre outra. Essa influência é imediata, mas, dependendo da intensidade, pode ter efeito duradouro. Os impactos que causar devem ser positivos e favorecer a condução da negociação. Utilizando a metodologia dos estilos e adequando a comunicação e a argumentação ao estilo do interlocutor, você criará condições para que ocorra *rapport* (sintonia), isso proporciona mais rapidamente a aceitação recíproca e pode favorecer o acordo.

Avaliar o próprio estilo

Ao fazer sua autoavaliação, procure se perguntar: Quais são os meus pontos fortes? Quais os meus talentos e habilidades quando negocio? Quais as minhas maiores fraquezas? Como posso me defender das vulnerabilidades do meu estilo? Meu estilo cria alguma dificuldade no relacionamento com o outro? Como o meu estilo pode ajudar no relacionamento? Como poderei tirar o máximo proveito de meu estilo para obter sucesso nas negociações?

Capítulo 16

Tenha um propósito

Para atingir o grau mais elevado de desempenho, o negociador precisa passar por verdadeiras mudanças transformadoras em sua personalidade e na maneira de atuar. Deve treinar novas habilidades, mudar algumas atitudes, adotar outras e adequar comportamentos. Fazer uso do seu talento e enriquecer sua experiência por meio de um longo processo que envolve: a constante ampliação da visão conceitual, o aprendizado de novas técnicas e a intensificação das vivências práticas. Sua motivação para o aprimoramento deverá torná-lo cada vez mais competente e isso lhe trará múltiplas recompensas: o negociador de sucesso é uma pessoa de sucesso.

O negociador de nível elevado chega a excelência exercendo a ética em sua plenitude. Nas negociações que conduz, deixa claro para o interlocutor que as proposições que faz "estão acima de qualquer interesse individual", unilateralmente. Ainda que ético, ele aproveita todas as oportunidades do negócio e atua de maneira a não deixar de contemplar também as necessidades do oponente. Por ser competente e ético, torna-se um profissional admirável e, com seu caráter marcante, consegue ótima reputação nos meios empresariais em que atua

- caráter é mais do que reputação: caráter é o que o indivíduo é; reputação é o que os outros pensam que ele seja.

O negociador de alto desempenho acredita que as relações devem basear-se na boa fé e em um sentido de coerência; contudo, ele é capaz de enxergar, criar e respeitar limites. Tudo o que faz contempla seus princípios e valores, considerando o respeito ao passado e a responsabilidade para com o futuro nos acordos que estabelece. Sem abdicar de seus objetivos, baseia sua atuação em princípios e valores que contemplem atitudes e comportamentos nobres. Por ter feito a opção de negociar orientado pela ética e por princípios elevados, cuida para não se desviar desse propósito. Aprimora as virtudes que já possui e adquire outras que favoreçam não só a condução dos negócios, mas também a qualidade dos relacionamentos. Essas virtudes transformam-no em uma pessoa melhor porque, como afirmou Aristóteles (384-322 aC), "O exercício da virtude torna virtuoso o homem".

Para saber se uma negociação pode ser conduzida com ética, o negociador de alto desempenho pergunta:

- É bom para mim?
- É bom para o outro?
- Vai prejudicar alguém?
- Vai prejudicar a sociedade ou a natureza?

Se a resposta para as duas primeiras perguntas for "sim" e para as duas últimas for "não", trata-se de algo ético. Caso contrário, é melhor decidir não fazer o negócio.

Para que você seja um negociador de alto desempenho, deverá manter seu propósito de excelência em qualquer circunstância, mas, antes de mais nada, é necessário distinguir claramente a diferença entre "objetivo" e "propósito". O objetivo em uma negociação está ligado aos resultados; o propósito tem a ver com o que o profissional almeja para ele, para a sua carreira e para as outras pessoas, tendo em vista as repercussões sociais de seus atos. Quando você estabelece determinado objetivo específico, pensa: "quero ganhar X por cento a mais nas negociações que conduzir no próximo ano". Mas, quando reflete sobre propósito de excelência que estabeleceu, diz para você mesmo: "quero ser o melhor negociador e o mais ético de minha empresa!".

Se tiver um propósito elevado, se estabeleceu desafios de excelência, você agirá com ética buscando superar-se para chegar à maestria como negociador. Mantendo seu discurso coerente com a ação, fará o que diz e honrará seus compromissos; praticará suas verdades e convicções. Suas crenças e seus princípios e valores pessoais darão coerência às suas atitudes, aos seus comportamentos e às suas ações. Diante de qualquer negociação que conduzir você não pensará apenas "O que eu ganho com isso?"; por ter um propósito elevado, sempre se perguntará: "Que legado eu quero deixar?".

Bibliografia

ABREU, ANTÔNIO SUÁREZ. A Arte de Argumentar. São Paulo: Ateliê editorial, 1.999.

AMADO, GILLES. Como detectar o perfil do negociador e estilos de comportamento. Revista Tendências do Trabalho 1.987.

BAILY, PETER & FARMER, DAVID. Tradução Auriphebo Berrance Simões. Compras: princípios e técnicas. São Paulo: Saraiva, 1.979.

BAER, JEAN & FERNSTERHEIM, HERBERT. Tradução Thomaz Scott Newlands Neto. Não diga sim quando quer dizer não. Rio de Janeiro: Record 1.975.

BÉLANGER, JEAN. Técnica e Prática do Debate. Tradução Hamílcar de Garcia. Rio de Janeiro: Civilização Brasileira, 1.970.

BRANDEN, NATHANIEL. Autoestima e os seus 6 pilares. Tradução Vera Caputo. São Paulo: Saraiva, 1.997.

CARRAHER, DAVID W. Senso Crítico. São Paulo: Pioneira - Thomson Learning, 2.002.

CARVALHAL, EUGENIO DO. Negociação – fortalecendo o processo. Rio e Janeiro: Vision, 2.009.

CHALITA, GABRIEL. Os dez mandamentos da Ética. Rio de Janeiro: Nova Fronteira, 2.009.

CHUNG, TOM. Tradução Olga Cafalcchio. Qualidade começa em mim. São Paulo: Maltese, 1.966.

CIALDINI, ROBERT B. *Influence: Science and Tractice*. Boston (MA), Allyn & Bacon: 2.001

CIALDINI, ROBERT B. Tradução Jussara Simões e Susana Staudt. SIM – 50 segredos da ciência da persuasão. Rio de Janeiro: Best Seller, 2.009.

CHRISTOPHER, ELIZABETH M. Tradução Henrique Amat R. Monteiro. Técnicas de Negociação. São Paulo: Clio, 1.996.

DEWEY, JOHN. Como pensamos. São Paulo: Nacional, 1.959.

DECI, EDWARD L. Tradução Paula Csillag. Por que fazemos o que fazemos. São Paulo: Negócio editora, 1.995.

EQUIPE DE PESQUISA OBI, COORDENAÇÃO TÉCNICA MARCO A. OLIVEIRA. Negociação: Novos e velhos malabarismos. São Paulo: Nobel, 1.994.

FLETCHER, JOHN. Tradução Maria Cristina Silva. Como Conduzir entrevistas eficazes. São Paulo: Clio.

FRANKL, VIKTOR E. Tradução Walter O. Schlupp e Carlos C. Aveline. Em busca de sentido. São Leopoldo (RS): Sinodal, 1.991.

FEDELI, MARIO. Temperamento, caráter e personalidade. Tradução José Maria de Almeida. São Paulo: Paulus, 1.997.

FINLAYSON, ANDREW. Tradução Ana Beatriz Rodrigues. Perguntas que resolvem. Rio de Janeiro: Campus, 2.002.

FISHER, ROGER & URY, WILLIAM. Tradução de Vera Ribeiro. Como chegar ao Sim. Imago, 1.985.

GREENE, ROBERT & ELFFERS, JOOST. Tradução: Talita M. Rodrigues. As 48 leis do Poder. Rio de janeiro: Rocco, 2.000.

GIBLIN, LÊS. Tradução Ilton Luiz Schmitz. Como ter segurança e poder nas relações com as pessoas. São Paulo: Maltese, 1.989.

HINDLE, TIM. Tradução César Taylor da costa. Como fazer entrevistas. São Paulo: Publifolha, 1.999.

HINDLE, TIM. Tradução César Taylor da costa. Como conduzir negociações. São Paulo: Publifolha, 1.998.

HILSDORF, CARLOS. Atitudes Vencedoras. São Paulo: Senac SP, 2.003.

HILSDORF, CARLOS. Revolucione seus negócios. São Paulo: Clio, 2.012.

JUNQUEIRA, LUIZ AUGUSTO COSTACURTA. Negociação - Tecnologia e Comportamento. Rio de Janeiro: COP Editora, 1.986.

JAMES, MURIEL & JONGEWARD, DOROTHY. Tradução Maria Eunice Paiva. Nascido para vencer. São Paulo: Brasiliense, 1.979.

KATCHER, ALLAN. Tradução Cecília Whitaker Bergamini. A importância de ser você mesmo. São Paulo: Atlas, 1985.

KARRASS, CHESTER L. Tradução Roberto Raposo. O Manual de Negociação. Rio de Janeiro: Ediouro, 1.996.

KAKU, MICHIO. Tradução Maria Luiza Borges. Visões do Futuro. Rio de janeiro: Rocco, 2.001.

KENNEDY, GAVIN. Tradução Luis Reyes Gil. Negociação sem mistério. São Paulo: Publifolha, 2.005.

LAURENT, LOUIS. Como conduzir discussões e Negociações. São Paulo: Nobel, 1.991.

LEMPEREUR, ALAIN PEKAR; Colson, Aurélien & Duzert, Iann. Método de negociação. São Paulo: Atlas, 2.009.

LIMA, MOACIR COSTA DE ARAÚJO. Comunicação eficaz. Porto Alegre: Editora AGE, 2.002.

LODI, JOÃO BOSCO. A entrevista – teoria e prática. São Paulo: Ed. Biblioteca Pioneira de Administração e Negócios, 1.998.

MARCONDES, ODINO. Como chegar à excelência em Negociação. Rio de Janeiro: Qualitymark, 1.993.

MILLS, HARRY. Tradução kátia Aparecida Roque. Negociação – a arte de vencer. Makron Books, 1.993.

MACKAY, HARVEY. Tradução Jusmar Gomes. Como nadar com os tubarões sem ser comido vivo. São Paulo: Best Seller,1.989.

MACKAY, IAN. Tradução Maria Cristina Fioratti Florez. Como ouvir pessoas. São Paulo: Nobel, 2.000.

MCCORMACK, MARK H. Tradução Vera Maria Renoldi. A arte de negociar. São Paulo: Best Seller, 1.997.

MORIN, EDGAR. Tradução Catarina Eleonora da Silva e Jeanne Sawaya. Os sete saberes necessários à educação do futuro. São Paulo: Cortez editora: 2.001.

O' TOOLE, JAMES. *Leading Change: The Argument for values-Based Leadership*. New York: Ballantines Books, 1.966.

OHMAE, KENICHI. O estrategista em ação. Tradução de Oswaldo Chiquetto. Pioneira, 1.985.

PESSOA, CARLOS. Negociação Aplicada. São Paulo: Atlas, 2.009.

Bibliografia

REIMAN, TONYA. Tradução de Mirian Ibanez. A arte da persuasão. São Paulo: Lua de Papel, 2.010.

RIES, AL & TROUT, JACK. Tradução de Antonio Carlos Rodrigues serrano. *Horse Sense*. São Paulo: Makron, 1.991.

RIES, AL & TROUT, JACK. Tradução José Roberto Whitaker Penteado. Posicionamento – como a mídia faz sua cabeça. São Paulo: Pioneira, 1.987.

ROGERS, CARL R. Tornar-se pessoa. Tradução Manuel José do Carmo Ferreira e Alvamar Lamparelli. São Paulo: Martins Fontes, 1.997.

SANER, RAYMOND. Tradução Eliana Rocha. O negociador experiente. São Paulo: Senac SP, 2.002.

SPARKS, DONALD B. A dinâmica da negociação efetiva: como ser bem-sucedido através de uma abordagem ganha-ganha. São Paulo: Nobel, 1.992.

STARK, PETER B. Tradução de Luiz Liske. Aprenda a Negociar. Littera Mundi 1.999.

SAMPSON, ELERI. Tradução Henrique Amat Rego Monteiro. 30 minutos para causar uma boa impressão. São Paulo: Clio, 1.997.

TZU, SUN. Tradução Henrique Amat Rego Monteiro. A arte da guerra. São Paulo: Clio, 2.008.

URSINY, TIM. Tradução Analy Uriarte. Como evitar conflitos. São Paulo: Futura, 2.007.

VALENTE, DÉCIO. Seleta filosófica - Pensamentos e reflexões. São Paulo: Editora L. Oren, 1.966.

VIORST, JUDITH. Tradução Aulyde Soares Rodrigues. Perdas necessárias. São Paulo: Melhoramentos, 1.990.

ZUKER, ELAINA. Tradução Mario Moro Fecchio. Influenciar - você também é capaz e talvez não saiba. São Paulo: Makron Books, 1.993.

ZELDIN, THEODORE. Tradução Sérgio Flaksman. Conversação. Rio de Janeiro: Record, 2.001.

www.dvseditora.com.br